そろそろ、ジュエリーが欲しいと思ったら

ジュエリーディレクター・スタイリスト
伊藤美佐季

ダイヤモンド社

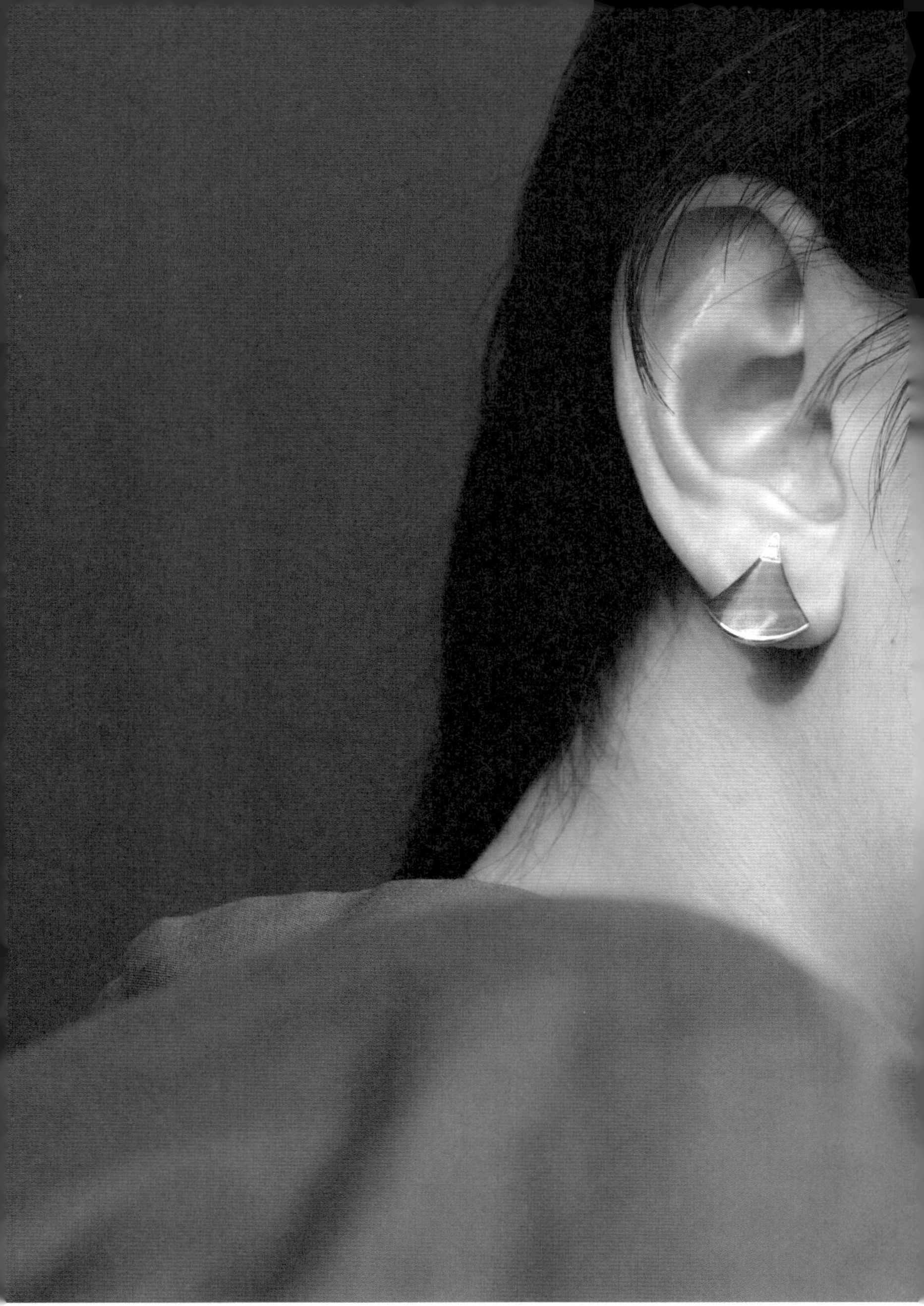

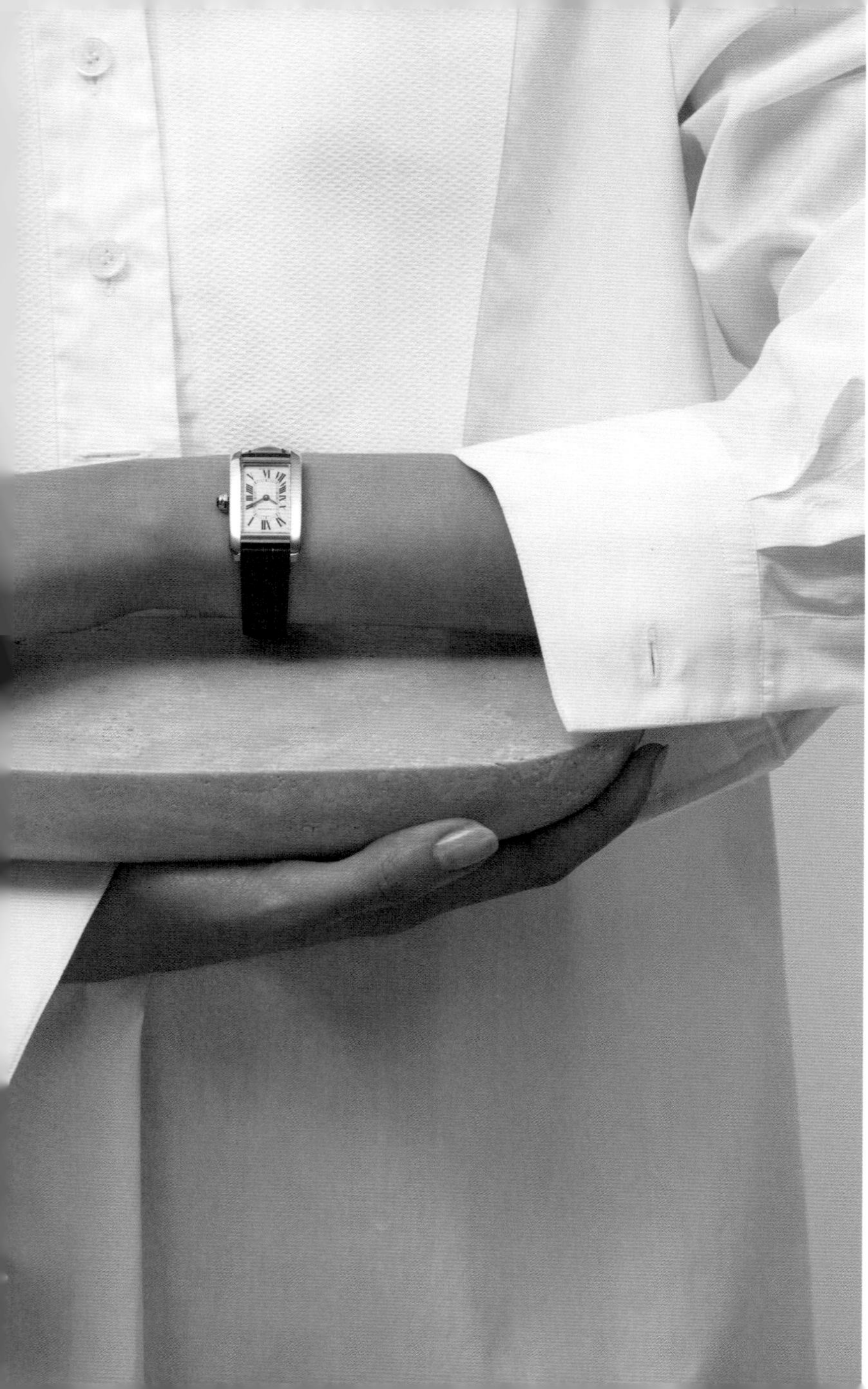

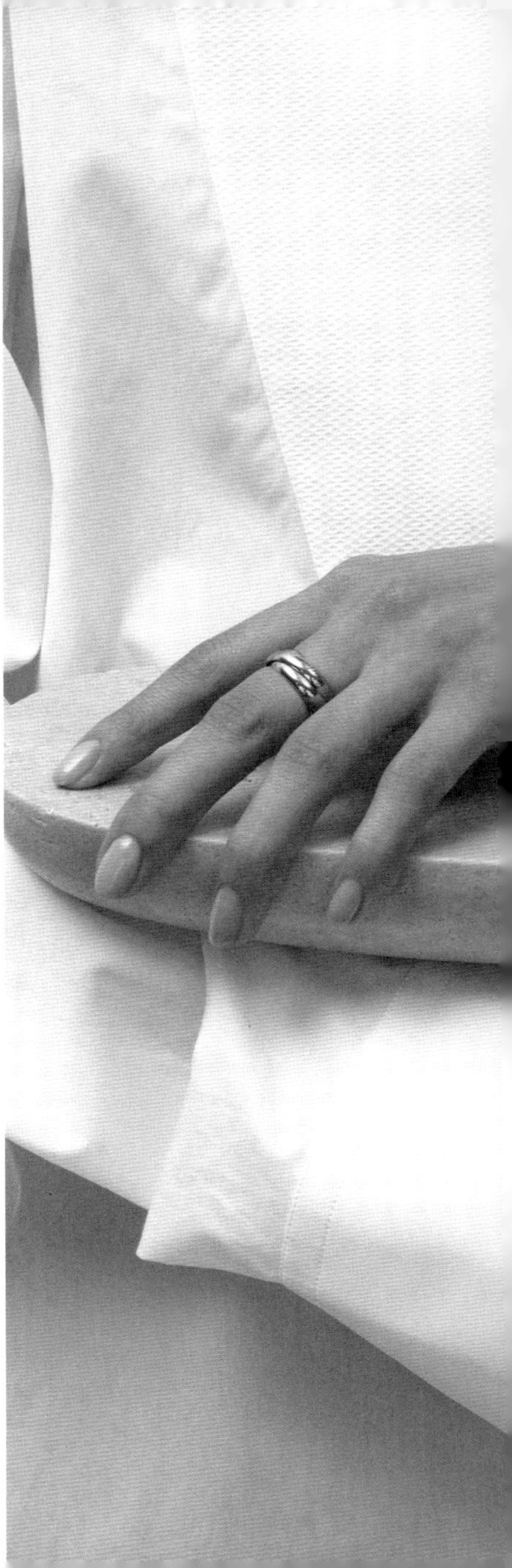

はじめに

はじめまして、伊藤美佐季です。

私がファッションやジュエリーのスタイリングの仕事をするようになって、20年以上経ちます。きっかけは、20代の頃。当時、ジュエリーの広報機関でPRの仕事をしていた私は、初めての海外出張でイタリアを訪れました。そこで目にしたミラネーゼたちの、すばらしいジュエリー使いに大きな衝撃を受けたのです。

その後、ジュエリーを学ぶために再びイタリアへ渡ったのは、30代になってからでした。イタリア滞在中は、素敵なジュエリー使いをしている人を見つけるたびに、そっと、でもじっくり観察。そして、街ゆく人の手元や胸元を見ては、メモを取る。そんな毎日を送っていました。

数年後、日本に戻ってきてスタイリストの仕事を始めた私は、各ブランドの展示会やリース、そして撮影現場を通して、たくさんのジュエリーに触れてきました。そして、今日にいたる年月の間に、いくつもの失敗を重ねながらも、少しずつ自分らしいジュエリーのスタイルを見つけ、また日本人に似合うジュエリーの選び方、着け方も分かってきたように思います。

そんな私が、今思うこと。それは、私の若い頃に比べて、今の日本女性は本当におしゃれになったけれど、あとひとつ、「ジュエリーがあれば、もっと素敵になれる」ということなのです。

日本ではまだまだ、ジュエリーというと「難しくてどうしていいかわからない」「ハードルが高すぎて手が出せない」と、躊躇してしまう人が多いようです。

ファッションはとてもおしゃれな人でさえ、「ジュエリーはわからないから着けない」と言います。

もちろん、ジュエリーは高価だけに、何度も失敗が許されるものではありませんから、「難しい」「ハードルが高い」と思ってしまうのは無理もないことかもしれません。

でも、そんな思い込みを捨てて、かつての私のように少しずつコツをマスターしていけば、ジュエリー上手になるのは、ファッションよりずっと簡単！

ジュエリーがいかに着ける人を引き立ててくれるかを知らずに、「食わず嫌い」のままでいるのは、とてももったいないことだと思います。


そこでこの本では、私が今までジュエリーディレクター、そしてジュエリースタイリストとしてジュエリーに関わってきて感じたこと、日々ファッションのスタイリングをする際に実践していること、心がけていることなど、私のジュエリー・ノウハウのすべてをまとめました。

たとえば、「何か買ってみたいけれど、何を買っていいかわからない」というジュエリー初心者の方が、最初に買うのにおすすめのアイテム。すでにいくつか持っているジュエリー経験者だけれど、もっと上手に着けこなしたいという方が参考にできる、おしゃれな着け方のコツ。ほかにも、自分のレベルに合わせて取り入れられるハウツーや考え方を、いろいろ綴っています。

この本が一人でも多くの方にとって、ジュエリーをもっと身近に感じ、楽しみ、素敵に輝いていただくためのヒントになれば幸いです。

CHAPTER 3　アイテム別ジュエリーの選び方＆買い方

CHAPTER 4 さらにおしゃれに見える、ジュエリーの着け方

※本書中の、ジュエリーの素材略記は以下の通りです。YG＝イエローゴールド、WG＝ホワイトゴールド、PG＝ピンクゴールド、RG＝ローズゴールド、PT＝プラチナ、D＝ダイヤモンド。
※商品の価格は税抜き、2019年4月現在のものです。価格や、店舗、ブランド情報などは変更になる場合がございます。

CHAPTER

1

ジュエリーがあれば、もっと素敵になれる

ジュエリーひとつで いつもの格好が見違える

デニムでパーティもOK、職場によってはスニーカーもOK……というように、今のファッションは、以前とは比べものにならないほどカジュアル化が進んでいます。

私自身も、最近はスカートにパンプスという日はほとんどなく、スニーカーをはくことが日常的になりました。ですが、たとえ洋服や足元がカジュアルになっても、私は必ずどこかにジュエリーを着けるようにしています。そうすることで、単なる「楽な格好」とは一線を画せるからです。

ファッション誌などで素敵だなと感じるモデルカットを、よく見てください。シンプルでカジュアルな装いでも、そこには必ずといっていいほど、小さくても効果的なジュエリーが輝いているはず。ファッションスタイリストは、ジュエリーの持つ力をよく理解した上で、そういうスタイリングをしているのです。

美容記事でよく「口紅を塗るだけで、眉を描くだけで、一気に素敵になる」というフレーズを目にしますが、ジュエリーにも同じ、むしろそれ以上の効果があると思います。普通のまとめ髪が、ピアスをひとつ着けるだけでぱっと華やぐ。いつものデニムスタイルが、ブレスレットを重ねるだけでおしゃれっぽくなる。ジュエリーがあれば、くだけた装いも一気に「洗練のシンプルシック」にクラスアップするのです。

ジュエリーは服以上に、その人を表現してくれる

あなたがいつも「素敵だな」と感じる人を、思い浮かべてみてください。その人は、他の人とは違う確かな世界観を、常にまとっているように感じませんか？　そのオーラのようなものは、着ている洋服だけでは発揮しきれないもの。人間性を含んだものだと、私は思っています。

洋服には、常にトレンドというものがあります。トレンドを追うことは楽しいし、いつも素敵でい続けるためには欠かせないこと。ですが、トレンドばかりを追いすぎると、誰もが似たようなテイストになり、個性を発揮しにくくなるのも事実です。そして何より、トレンドは移り変わります。

そう考えると、トレンドに左右されることなく、自分のスタイルを常に表現してくれるものは、ジュエリーだと私は思うのです。

もちろん、ジュエリーにもトレンドはあります。それでも、いつ身に着けても魅力を失わない、ベーシックで普遍的なアイテムを選んで愛用していれば、それは必ずあなた自身を物語ってくれるピースになっていきます。時と共に装いが移り変わっても、決して変わらない軸がある――ジュエリーを持つことは、そんな自分だけのスタイルを確立させることにもつながるのです。

ジュエリーがあれば、いざというときに気後れしない

急に、週末のパーティに誘われた。突然、先輩の代わりにレセプションに出席することになった……。

こんな思いがけない「ハレ」がやってきたとき、まず気になるのは装いのこと。でも、クローゼットからドレスを引っ張り出したら、いつの間にかデザインが古びていたり、サイズが変わって着られなかったり。長く保管している間に、素材が劣化してしまうことさえあります。これらは、洋服の宿命といえるでしょう。

でも、ベーシックで上質なジュエリーは、いつどんなときも心強い味方。

たとえば、普段は仕事用にしているネイビーのワンピースも、そこにパールのネックレスを合わせれば、華やかなパーティにも臆せず足を運べる装いに早変わり。また、仕事帰りでくすみが気になるときも、耳元にきらめくダイヤモンドのピアスを着ければ、顔まわりがぱっと明るく華やぎます。もちろん、ジュエリーはきちんとケアしていれば、長く持っていても劣化することはありません。

何より、「これを着けているから大丈夫」と思わせてくれるのは、手軽なアクセサリーではなく、ファインジュエリーならでは。心に自信と余裕を持っていると、立ち居振る舞いから素敵に見えてくるものです。

大人になればなるほど似合うものが増えるのが、ジュエリー

ミニスカート、タイトなパンツ、高いヒール靴……。どんなものでも着られる若いうちは、おしゃれが楽しいもの。それが年齢を重ねると、着こなしが難しいものが少しずつ増えてきて、日々のコーディネイトにも頭を悩ませるようになってきます。

こんな風に、多くは「年齢を重ねること＝不安、いやなこと」につながってしまいがちですが、ジュエリーの場合は逆なのです。

長年、ジュエリーに関わる仕事をしてきて気づいたのですが、実は大人に似合うアイテムのほうが、ジュエリーにはたくさんあります。カラフルな色石、華やかなゴールド素材、滋味のあるバロックパール。これらは、さまざまな経験を重ね、それなりの年輪が感じられる肌に着けたほうが、断然素敵です。もちろん、小粒の可憐なパールなど、若い人のほうが映えるものもありますが、大人になるほど楽しめるものが増えてくるのは事実なのです。実際、海外で出会うマダムたちのこなれたジュエリー使いは、ため息が出るほど素敵。こんな風になれるなら、歳を重ねるのも悪くないと思えてきます。

20代の人も、40代、50代以上の人でも、遅いということはありません。ジュエリーを味方にすれば、これからの人生がより一層充実したものになるはずです。

ジュエリーは毎日同じものをしてもいい。むしろそのほうが素敵

ほとんどの人は、洋服も靴もいくつか揃えて、日々着替えたり、履き替えたりしているものでしょう。もしかすると、ジュエリーも同じように、毎日着け替えなければならないと考えていませんか？

ときどき、「ジュエリーは高価だから、洋服のようにいくつも買えない。でも、いつも同じものを着けていると思われるのはいやだし、それならいっそ着けないほうがいいのでは……」という声を聞くことがあるのですが、決して無理にたくさん持とうとする必要はないのです。

地に足の着いたジュエリー道を歩もうとするなら、むしろいつも同じジュエリーを着けているほうが素敵だと、私は思います。ジュエリーは「着替える」ものではなく、どんなシーンでも同じものを着けていていいのです。洋服や靴のように、毎日同じものを身に着けているとあっという間にくたびれてしまうという心配もありません。

まずは、自分の肌の一部のようにするりと馴染ませることを目標にしてください。そうすれば、そのジュエリーにあなたらしさが宿り、やがて「ジュエリー使いが素敵な人」になれるはずです。

ジュエリーや時計こそ、一生ものになり得る

ファッション誌では、「一生ものを買いましょう」という特集がよく組まれていますが、どんなに高価なものであっても、着用すればするほど消耗してしまう洋服や靴に「一生もの」はあり得ません。本当に「一生もの」になり得るものといえば、ジュエリーや時計だと私は思います。

ジュエリーや時計は素材が劣化しにくく、ケアを怠らなければ生涯寄り添ってくれるもの。私自身、定番コーディネイトとして手首に何本か重ねているブレスレットがありますが、そのうちの数本は、もう何年にもわたって毎日身に着けているものです。本書のコラムでご紹介している私物のジュエリーたちと一緒に、きっと一生身に着け続けるのだろうと思っています。

「一生もの」とは、自分らしさを物語るアイテム。なかでも、直接肌に着ける時計やジュエリーは、誰よりも何よりも近くに寄り添ってくれる、人生のパートナーです。パートナーは、数ではなく質が大切。だからこそ、ジュエリーや時計を選ぶ時は、いつでもどこでも着けられるものか、ずっと着けていたくなるものかどうか――つまり、人生をともに歩むことができるものかどうかを、じっくり吟味することが大切です。

Misaki's Favorite Jewelry

色石のリング

以前、海外の宝石商から「枕の下に入れて一晩眠ってみていい夢をみることができたら、その石とは相性がいい」という話を聞いたことがあります。この2つは私にいい夢をみせてくれた相性のいい色石。昔からなぜかグリーンの色石に惹かれる私は、気分がすぐれない日に身に着け、何度も助けられました。特に右のエメラルドのリングは、石のツルツルした触感にも癒されることが度々。見て触って癒され、元気になれる大切なリングなのです。

CHAPTER

2

ベースになる
ジュエリーの見つけ方

選ぶ基準は、自分を素敵に見せてくれるかどうか

失敗が怖くて、なんとなく敬遠してしまう。だから、ジュエリーはあまり着けたことがない――こんな人は、きっとたくさんいらっしゃると思います。

本物のジュエリーは高価なものですから、確かに安易に選んで失敗買いをするわけにはいきません。そして、「失敗したくない」「絶対にいいものを選ばなければ」と思えば思うほど、肩に力が入ってしまって、何を選んだらいいかわからなくなる……というジレンマに陥ってしまうわけですね。

そんな時はまず、普通の洋服選びと同じように「自分を素敵に見せてくれるかどうか」を基準にするのがよいと思います。逆に、着けても自分を引き立ててくれないジュエリーだったら、どんなに上質で高価なものだとしても、持つ意味はないといえるでしょう。

今、私たちがジュエリーを着ける目的は、お金持ちに見られたいからではなく、そのジュエリーを着けることによって、いつもより素敵な自分になりたいから。ひとりひとりが違う体型、違う顔立ち、違う肌の色を持っているのですから、着けて素敵に見えるジュエリーも、人によって違うはず。それは、値段とは関係ないのです。

似合うジュエリーは、体型、肌色、髪型、ファッション、ライフスタイルで決まる

洋服を選ぶとき、ほとんどの人は、自分の容姿の特徴を考慮した上で選んでいるでしょう。まず、体型。「私は脚には自信があるから、ミニスカートやタイトスカートをはくようにしています」「お尻の形に自信がないから、お尻をカバーする丈のトップスを選ぶようにしています」「二の腕がタプタプしているから、ノースリーブは避けています」などなど。また、肌のトーンに合わせて顔映りがいい色を選んだり、ヘアカラーで髪色を変えたときも、それに合わせてトップスの色を変えてみたりすることもありますね。ジュエリーも同じく、体型・肌色・髪型、そして普段の自分のファッションのテイストに合わせて選ぶのが基本です。

ジュエリーとなると、なぜか「このブランドのものをつけていれば安心だから」「このジュエリーが異性ウケするそうだから」とか、自分自身に合うかどうかとはまったく土俵が違う理由で選びがちですが、これらは失敗買いのよくある例。

また、「着ける機会」もよく考慮しましょう。ゴージャスなジュエリーを着けて行くような予定がそれほどないにもかかわらず、見た目に惹かれて突然そんなジュエリーを買っても、結局はタンスの肥やしに終わってしまうかもしれません。体型やファッションと同じくらい、自分のライフスタイルに合うかどうかも大切なポイントです。

ジュエリーは、自分が自信の持てる体の部位に着ける

ジュエリーを着けると、その部分に視線が集まります。ふと目に入ったその部分が美しく魅力的なら、あなた自身も素敵な人！という印象になるもの。ですから、「ジュエリーは自信のあるパーツに着ける」というのが、最も効果的な着け方だと思います。ジュエリーは上から、ピアス（イヤリング）、ネックレス、ブレスレット（バングル）、リングが主なアイテム。それぞれ着ける場所は、耳、首、手首、指です。この4つの体の部位の中で、あなたが一番自信のあるところはどこですか？

ここでいう「自信がある」とは、なにも誰もがうらやむほどきれいでなければいけないということではありません。「体はぽっちゃり型だけど、手首はまあまあ細いかも」という人なら、存在感のあるブレスレットを数本手首に重ねてみる。「どこもあまり自信がないけれど、ショートカットから出ている耳がチャームポイント」という人なら、フープピアスを着けてみる。たとえ、すべてに自信がなかったとしても「強いて言うなら」程度で大丈夫。そこに着けられるジュエリーを、探してみてください。

ネックレスが好き、リングが気になるなど、欲しいものや好きなものを買うというのももちろんいいのですが、あなたの基本となる「ジュエリーを着ける体の部位」を覚えておけば、ジュエリー選びの大きな軸になります。

まず手に入れたいのは、必ず使えるベーシックな7点

体のどの部位にジュエリーを着けるかが決まったら、次はそこにどういうものを着けるかを考えます。やはり最初は、毎日使えて、どんなファッションにも合わせやすい、シンプルでベーシックなものを持っておくと重宝します。

具体的にはどんなものかというと、44～45ページで「基本の7アイテム」としてご紹介している、ピアス3点、ネックレス1点、ブレスレット（バングル）2点、リング1点をご覧ください。いずれもシチュエーションを選ばず、どんな体型、どんなファッション、どんなライフスタイルの人にも似合うものばかり。初めてジュエリーを買う人は、まずこちらを参考にしていただくとよいでしょう。

私が「ベーシック」としてこれらを選んだ理由は、まず、シンプルで長く愛用できること。そして、これひとつだけでもサマになること。もちろん、ほかのどんなアイテムと重ね着けしても、相性よくきれいに決まります。ファッションで例えるなら、白シャツやデニム、ローファー、黒のワンピースのようなものだといえるでしょう。

ただし、この7点を全部揃える必要はありません。これらの中から、自分のライフスタイルに合うものを自由に選び、活用してください。

欲しいのは、毎日着けられる「普段着のジュエリー」

「基本の7アイテム」は毎日でも着けられる、いわば「普段着のジュエリー」と呼べるものです。実は、私がこれらのベーシックアイテムの重要性に気づいたのは、ジュエリーを仕事にするようになってだいぶ経ってからでした。

ジュエリーに興味を持ち始めた20代の頃の私は、「一刻も早くジュエリー上手になりたい」「どうせ買うなら、人と違うものを買いたい」という思いが強く、最初から背伸びしすぎたものや、デザイン性の高いものなど、難易度の高いジュエリーばかりを買いがちだったのです。けれどそれらは、まだ若かった自分自身や、当時着ていたものにはアンバランス。結局、着ける機会が見つけられず、せっかくのジュエリーを十分活用することができませんでした。

こうした苦い経験をしばらく繰り返したのち、初心に返って身に着けるようになったのが、この基本の7アイテムです。シンプルなデザインだからこそ、普段着のように気負いなく着けられる。使える回数を考えれば、コスパも抜群。まさに、買って損なしのアイテムなのです。これからジュエリーを買おうとしている人には、私のように回り道することなく、ぜひこうしたベーシックなものを最初のひとつに選んでいただければと思います。

まず手に入れたい基本の7アイテム

—ひとつでもサマになるのはこの7つ—

これからジュエリーを買ってみたいと思うなら、まず第一歩は、
長く使える「基本のジュエリー」を手に入れることから始めたい。
私の経験から厳選した、ベーシックなのに活躍度満点なのはこの7点！

CHAIN BRACELET

チェーンブレスレットは上品な輝きの上質なシルバーであることが条件。「シェーヌ・ダンクル」（シルバー）175,000円／エルメス（エルメスジャポン）

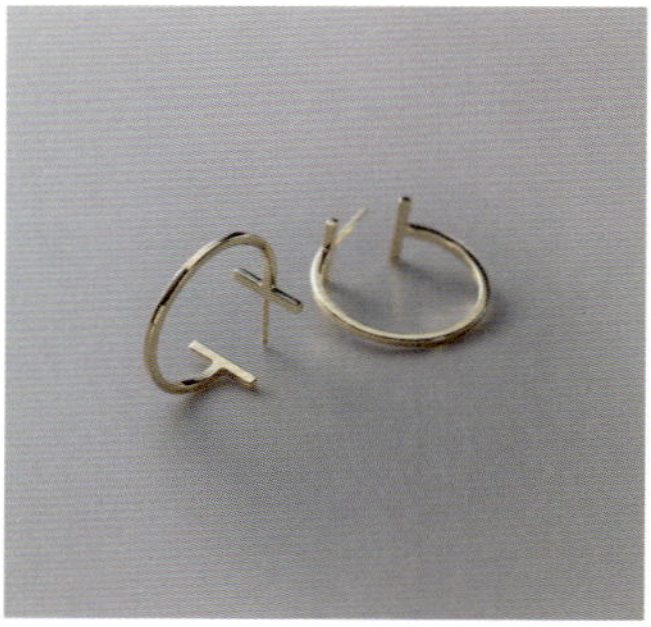

HOOP PIERCE

イエローゴールドの地金のもので、大きすぎず小さすぎないものなら使いやすい。「ティファニー T」ワイヤー フープ ピアス（YG）152,000円※予定価格／ティファニー（ティファニー・アンド・カンパニー・ジャパン・インク）

PEARL PIERCE

真珠の種類、サイズによって印象は変わりますが、基本にしたいのはアコヤ真珠。サイズは8㎜くらいが大きすぎず小さすぎずベスト。ピアス（アコヤ真珠約8㎜×WG）131,000円／ミキモト

GOLD BANGLE

地金のバングルは装いを選ばない。まずはイエローゴールドをひとつ。「ペルレ ゴールドパール ブレスレット」（YG）460,000円／ヴァン クリーフ＆アーペル（ヴァン クリーフ＆アーペル ル デスク）

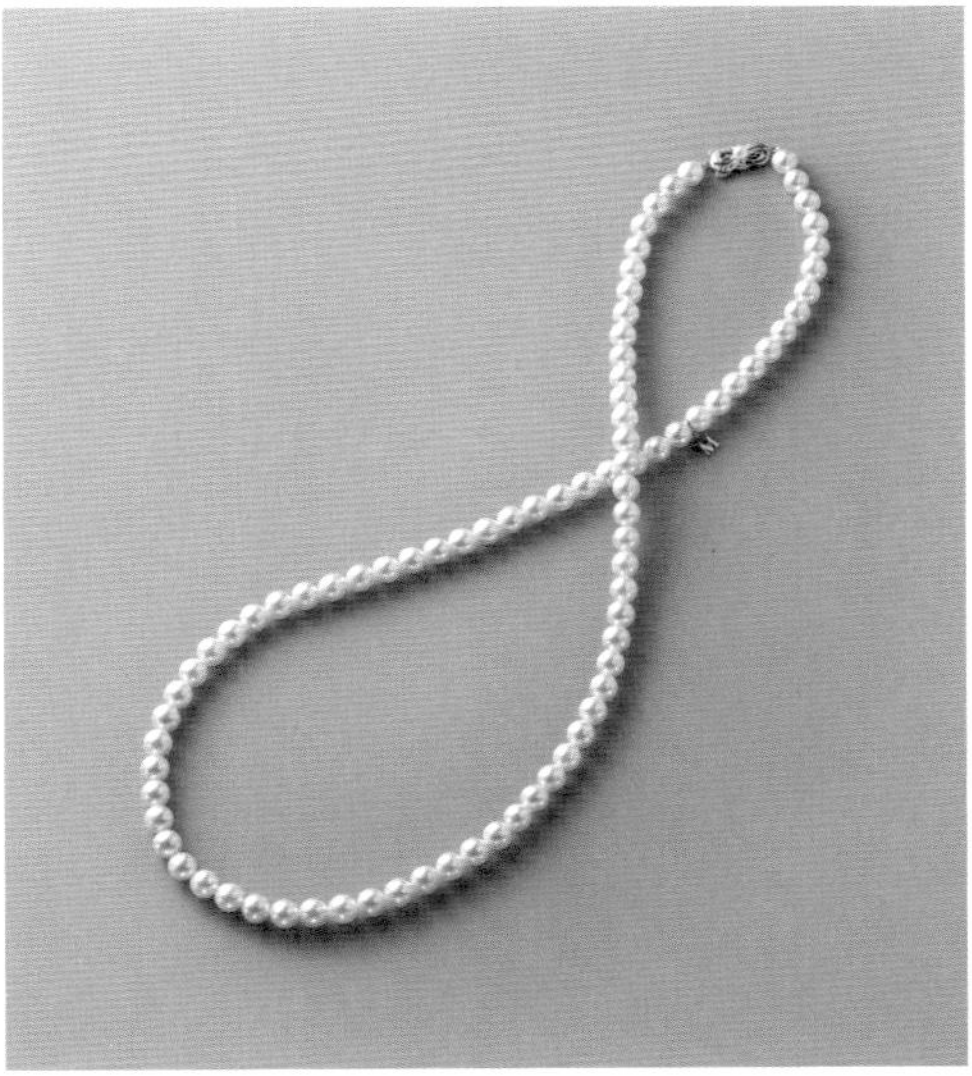

PEARL NECKLACE

美しい真円のアコヤ真珠のネックレス。なかでも約60cmのマチネーレングスが私のおすすめです。パールネックレス（約60cm／アコヤ真珠約7mm×WG）645,000円／ミキモト

DIAMOND PIERCE

どんな年齢、どんなファッションの人でも1つは持っていたいのが、ラウンドブリリアントカットの一粒ダイヤモンド。ピアス（PT×WG×D）972,223円／グラフ（グラフダイヤモンズジャパン）

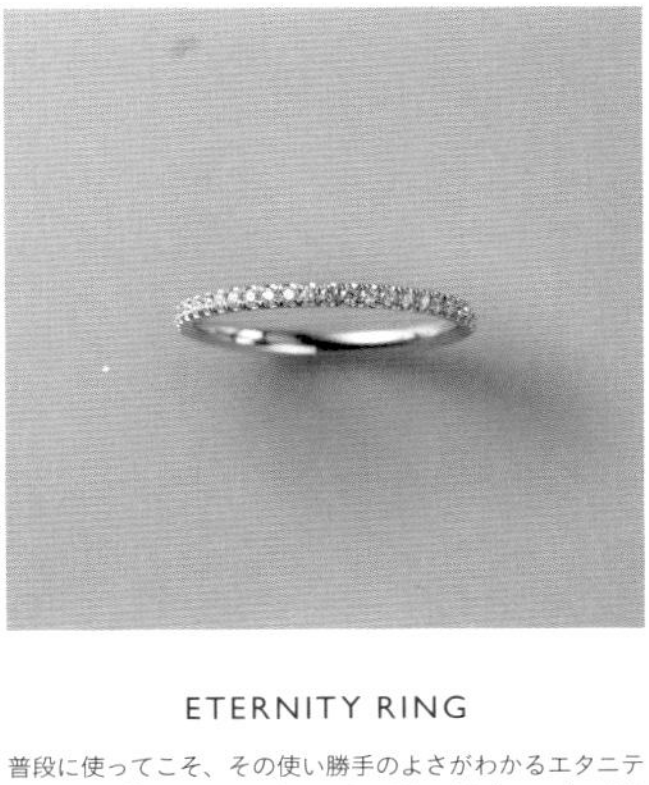

ETERNITY RING

普段に使ってこそ、その使い勝手のよさがわかるエタニティリング。「マイクロパヴェ・バンドリング〈ハーフ〉」（PT×D）460,000円～／ハリー・ウィンストン（ハリー・ウィンストン クライアントインフォメーション）

Misaki's Favorite Jewelry

ボン マジックの白蝶バロックパールのネックレス

ボン マジックのパールジュエリーは私にパールの楽しさを教えてくれました。バロックパールなど、華やかなパール使いを教えてくれた先代のオーナーデザイナーの白井多恵子さんから「美佐季さんに似合うわよ」とすすめられたのがこのネックレス。大きさも色あいもバリエーション豊富な白蝶バロックパールが連なり、シンプルな黒タートルや、プレーンな白シャツなど、ベーシックな洋服に映えるお気に入りの１本です。

CHAPTER

3

アイテム別ジュエリーの選び方&買い方

どんな人でも、一番取り入れやすいのはピアス

「基本の7アイテム」はどれも使いやすいものですが、中でも特に取り入れやすいのはピアスだと思います。

首やデコルテ、手や指は、どうしても年齢によるシワやくすみなどが出やすい部位。さらには、太い、短いといったコンプレックスを抱きがちなところでもありますが、それに比べると耳元は、そうした難がさほど気にならないところだからです。

ピアスは小さくてさりげなさすぎるのでは、と思われるかもしれませんが、むしろその力は大きなもの。たとえば、仕事が忙しかったり、気分が落ち込んでいる時は、顔色が冴えないことがありますよね。そんな時、私はとにかくメイクよりも先に、お気に入りのピアスを着けるようにしています。すると、それだけで顔がぱっと明るくなり、気分まで上向きに。まるで、美容液のような効果をもたらしてくれるのです。

また、ピアスはそれだけでも素敵ですが、ピアス＆リング、ピアス＆ブレスレットというように、複数のジュエリーを着けたい時にも便利なもの。ほかとの距離が離れているピアスは、2つ以上着けてもトゥーマッチになりません。

ベースのジュエリーのうち、自分の軸となるジュエリーをどれにするか迷っているなら、まずはピアスから始めてみるのがおすすめです。

似合うピアスは、顔とパーツの大きさ、髪型で決まる

一口に「ピアス」といっても、スタッドタイプ、垂れ下がるタイプ、フープピアス、さらには個性的なデザインまで、さまざまな種類があります。

その中のどれが自分に似合うかを考える時、まずは顔の大きさを見てみましょう。顔が小さい人は、小さいピアスでも十分映えますし、逆に大きすぎるピアスだと、派手に見えてしまいます。顔が大きい人の場合は、大きなピアスを避けがちですが、小さいピアスを着けると相対的に顔が大きく見えてしまって逆効果。たとえ一粒ピアスでも、ある程度の大きさのものを選んだほうが、バランスよく見えるでしょう。

顔の大きさの次は、顔の中の目・鼻・口といったパーツも観察してみましょう。原則的に、パーツの大きさと似合うピアスの大きさは比例します。つまり、目鼻立ちがはっきりしている人は、たとえ顔が小さくても、大きめのピアスや個性的なデザインのものが似合いやすいといえます。

もうひとつ大切なのは、髪型。ショートの人は比較的どんなタイプでも似合いますが、ロングで耳元が隠れる人は、小さいものではあまり意味がありません。ピアスをきちんと主張させたいなら、フープピアスにするか、髪をまとめるなどの工夫をするとよいでしょう。

ピアスの基本は、使いやすいスタッドと大きすぎないフープ

垂れ下がるタイプのピアスは、素敵ですが難易度はやや高め（垂れ下がるタイプの選び方は68～69ページでご紹介します）。最初に手に入れるピアスとしておすすめなのは、まずスタッドタイプのピアスです。

ピアスのような顔回りのジュエリーは、着ける人の印象に大きな影響を与えるもの。あまりにも個性的すぎるデザインは、着ける人のパーソナリティを違う方向へ印象づけてしまうこともあります。その点、耳たぶにちょこんとのるスタッドタイプのピアスは、シンプルで上品。どんな人にも、どんな装いにも違和感なく馴染み、その人らしさを際立たせてくれます。中でも代表的なものは、ダイヤモンドかパールの一粒タイプ。洋服を選ばない色と上質な輝きは、基本の一点にぴったりです。

このスタッドピアスのほかに基本のピアスとしておすすめなのは、シンプルなフープピアス。髪が長くてスタッドピアスは隠れてしまう人も、フープピアスにすると程よく見えて好バランス。華やかなイエローゴールドやピンクゴールドの地金なら、ファッションにさりげないクラス感もプラスしてくれます。

ダイヤモンドとパールの一粒ピアス、地金のフープピアスの選び方は、この後詳しくご紹介します。

HOW TO SELECT BASIC JEWELRY

まずはラウンドブリリアントカットのダイヤモンドの一粒を

「ピアスには美容液のような効果がある」とお話ししましたが、そのピアスが、宝石の中でも際立って美しく輝くダイヤモンドだったなら、その効果はもっと上がるといえるでしょう。

さまざまな宝石の中でも、ダイヤモンドの輝きは格別。ダイヤモンドの価値を決める基準は、カラット（重さ）、クラリティ（透明度）、カラー、そしてカットの「4つのC」といわれています。ダイヤモンドを選ぶとなると、カラットばかりに注目しがちですが、実はカットもとても大切です。ダイヤモンドのカットは、ラウンドブリリアントカット、エメラルドカット、オーバルカットなどさまざまな種類がありますが、最も効果的に光を取り込み、最大限の輝きを見せてくれるのがラウンドブリリアントカット。中央部分を丸くカットし、中央からは放射状にカットするもので、57面体、または58面体にもなる細かさが特徴です。このラウンドブリリアントカットなら、たとえカラットが小さなダイヤモンドもまばゆく輝いてくれるのです。

ダイヤモンドは、カジュアルなデニムスタイルにも、コンサバなワンピーススタイルにも、さらにはフォーマルなドレススタイルにも対応できる、万能の石。まずは日常使いで、そのすばらしさを体感してみてください。

ダイヤモンドピアス（PT×WG×D）972,223円／グラフ（グラフダイヤモンズジャパン）トップス 15,000円／リト（ザ・ウォール ショールーム）

HOW TO SELECT BASIC JEWELRY

留め方とカットでダイヤモンドの表情は変わる

一粒ダイヤモンドのスタッドピアスは、ダイヤモンドの大きさによって印象が変わります。では、ダイヤモンドが大きければ大きいほどいいかというと、必ずしもそうではありません。最も重要なのは、着ける人の顔の大きさ、身長、耳の大きさなどとのバランス。とはいえ、あまり小さすぎても目立ちませんから、基本的にはラウンドブリリアントカットで、片耳0・3カラット（直径約4・4ミリ）くらいの大きさをひとつの目安にするとよいでしょう。

また、似合うダイヤモンドの大きさは、年齢によっても変わります。30代までならこのくらいの大きさで十分素敵ですが、40代なら0・5カラット（直径約5・2ミリ）、50代以上なら0・7カラット（直径約5・8ミリ）というように、年齢に比例させて大きくしていったほうが効果的でしょう。

カラット数だけでなく、カットも年齢に応じて変えてみると素敵です。基本のラウンドブリリアントカットはどんな年齢の人にも似合いますが、たとえば凛としたプリンセスカットは30代以上、上品なエメラルドやオーバルカットは40代以上など、大人になるほど似合うカットも。また、爪留めやベゼル留めなど、ダイヤモンドのセッティングの仕方でも印象が変わりますから、似合う一品をゆっくり吟味してください。

〈右から〉ラウンドブリリアントカットの４本爪留めのピアス（PT× D）871,000円・高貴な印象のプリンセスカットの４本爪留めのピアス（PT× D）839,000円・モダンなベゼルセッティングのピアス「ダイヤモンド バイ ザ ヤード」（PT×D）787,000円
※すべて予定価格／すべてティファニー（ティファニー・アンド・カンパニー・ジャパン・インク）

HOW TO SELECT BASIC JEWELRY

カジュアルな人にこそ似合う、一粒パールのピアス

「パールの一粒ピアスは冠婚葬祭っぽいイメージで、普段着には着けにくそう」と思う人もいらっしゃるかもしれません。

確かに、きちんとしたスーツやコンサバなワンピースに、パールのピアスはとても似合います。でも実は、カジュアルな装いとの相性もとてもいいのです。

私の知り合いの女性に、洋服はたいていデニムやざっくりしたニット、足元はスニーカーというカジュアルなスタイルの人がいます。そんな彼女はいつも、まとめ髪の耳元に小さなアコヤ真珠の一粒ピアスをしているのです。

カジュアル派なら、普通ピアスというと「私にはパールより、フープピアスのほうが似合う」と思うかもしれません。ですが、カジュアルなスタイルにカジュアルなフープピアスでは、年齢によってははくだけた雰囲気になりすぎて、品が損なわれがち。そこを彼女は、パールのピアスを投入することで、大人にふさわしいクラス感をきちんと保っているのです。いつ会っても、そんな洗練された美しさを漂わせている彼女は、お会いするのが楽しみな女性の一人です。

カジュアル派の大人の女性にこそ、この「あえてのパール」を、ぜひ試していただきたいと思います。

ピアス（アコヤ真珠約８㎜×WG）131,000円／ミキモト　コート
43,000円／ジャン ヌレ（ショールーム セッション）

HOW TO SELECT BASIC JEWELRY

年齢によって、似合う珠の大きさは変わる

パールには、さまざまな種類があります。基本的には母貝の種類によって分けられ、たとえばおもに日本で養殖されているアコヤ貝から採れるのは、「アコヤ真珠」。オーストラリア、インドネシア、フィリピンなどで養殖されている白蝶貝から採れるのは、「白蝶真珠」です。これは、10ミリを超える大粒サイズに育つのが特徴。また、タヒチ近海で養殖されている黒蝶貝からは、黒やグレーなどさまざまな色合いの「黒蝶真珠」が採れます。形もさまざまで、真円ではなくいびつな形をしたものは「バロックパール」と呼ばれ、最近人気になっています。

こうしたさまざまな種類からベースとなるものを選ぶなら、やはり自然な白色できれいな真円のアコヤ真珠がおすすめです。選ぶポイントは、珠の大きさ。これは、顔の大きさとのバランスで吟味します。20~30代の人なら6~7ミリ前後。若くても顔が大きい人は8ミリ以上と、少し大きめを試してみましょう。

ちなみに、年齢を重ねるとしだいに顔が四角く大きくなるので、40代以上からは若い時より大きめの珠が似合います。アコヤ真珠の場合は8ミリ以上、また存在感のあるバロックパールもよいでしょう。

パールの身上は、光沢です。外したら布で拭き、丁寧な取り扱いを心がけましょう。

パールは年齢が上がるのと比例させて珠を大きく。〈上から〉バロックパールのピアス（白蝶真珠約13㎜×YG）130,000円／ボン マジック　パールのピアス（白蝶真珠約10~10.5㎜×WG）407,000円・（アコヤ真珠約8.5㎜×WG）274,000円・（アコヤ真珠約7㎜×WG）54,000円／以上ミキモト

パールのピアスは、耳たぶの際に着けるとおしゃれで可愛い

ピアスは、着ける位置によって印象が変わるもの。耳たぶの大きさや形にもよりますが、一般的には耳たぶの真ん中に着けると、無難でお行儀のよいイメージ。耳たぶの下端寄りに着けると、おしゃれでこなれたイメージになります。少し「崩し」が入ることによって、抜け感が生まれるのです。

特に、もともと上品なパールのピアスは、少し下に着けたほうがかしこまりすぎず、おしゃれに見えるもの。個人的にも、耳たぶの端からこぼれ落ちそうに見える着け方が大好きです。これからピアス穴を開ける人は、耳たぶの真ん中よりも、やや下の位置でちょうどいいところを吟味されることをおすすめします。

でも、すでにピアス穴が開いていて、穴の位置を変えられないという人には、便利な裏ワザがあります。キャッチをわざとゆるめに留めてピアスを着け、耳たぶの端のほうにパールがくるように、少し傾けるのです。これは、私も日々活用しているテクニック。たとえば同じパールピアスでも、あらたまった場面の時はキャッチをきっちり留めて耳たぶの真ん中に着け、普段のカジュアルスタイルの時はゆるめて耳たぶの端に、と着け分けています。

ほんの少しの差による印象の違いを、ぜひ楽しんでみてください。

バロックパールピアス（白蝶真珠11mm×YG）72,000円／ボン マジック　シャツ／スタイリスト私物

HOW TO SELECT BASIC JEWELRY

地金だけのフープピアスでシンプルに美しく

フープピアスも、パールやダイヤモンドのスタッドピアスと同じ基本のピアスのひとつと、私は捉えています。

私自身、フープピアスは普段からよく着けていますし、もしかしたらパールの一粒、ダイヤモンドの一粒よりも、登場頻度は高いかもしれません。それはおそらく、髪型が関係していると思います。

私の髪の長さは、肩にかかるくらいのセミロング。このくらいか、あるいはこれ以上の長さだと、一粒のスタッドピアスは着けてもなかなか目に留まらないのです。でも、フープピアスならその心配もいりません。キラッと光る地金が髪の間から見え隠れするのは、雰囲気があってとても素敵。もちろん、ショートヘアの人にもフープピアスは難なく似合いますから、同様におすすめです。

フープピアスの中には、パールやダイヤモンド、あるいは色石などが付いたデザインのものもありますが、日常使いするベースのピアスなら、地金だけのシンプルなものがよいでしょう。フープピアスはスタッドピアスより大ぶりなので、ものによってはかなり華やかな雰囲気になりますが、「デザインはシンプルに」というベーシックの鉄則を心がければ、ベースのピアスとして十分活用できます。

ブランドのイニシャルTがさりげなくあしらわれたシンプルなフープピアス。「ティファニー T」ワイヤー フープ ピアス（YG）152,000円※予定価格／ティファニー（ティファニー・アンド・カンパニー・ジャパン・インク）　シャツ 39,000 円／リト（ザ・ウォール ショールーム）

HOW TO SELECT BASIC JEWELRY

フープピアスは、少し物足りないくらの大きさが洒落て見える

最初のフープピアスは、シンプルな地金タイプがベストです。地金の色は、ホワイトゴールドやプラチナ、シルバーなどの白系だと、クールでカジュアルな印象。イエローゴールドなどイエロー系は、リッチでゴージャス。可愛らしさと女らしさが同居しているピンクゴールドは、日本人にとても似合う色です。

フープの大きさは、やはり顔の大きさとのバランスが重要。小顔の人があまりにも大きなフープピアスをしているとアンバランスですし、逆に大きい顔の人が小さいフープピアスをしていると、より顔が大きく見えてしまいます。

少し前には大きなフープピアスが流行しましたが、今はあまり大きなものはトレンドではないようです。小さめでちょっと物足りないと思うくらいが、洒落て見える時なのかもしれません。でも、これも自分のスタイル次第。直径5センチ以上の大きいフープでも、細いものなら軽快に着けられます。フープピアスは大きさとともに、地金の太さも吟味しましょう。

ちなみに、フープの形は円形が基本ですが、中には縦に長い楕円形のフープもあります。やや大人っぽくモダンに見えるのが特徴で、甘めのファッションを引き締めたい時などに便利。円形がしっくりこない時は、こちらも試してみてください。

〈上右から時計回りに〉フープピアス（YG）55,000円／マリハ（ショールーム セッション）フープピアス（YG）540,000円／スピネリキルコリン（サザビーリーグ）　フープピアス（シルバーにYGコーティング）32,000円／トムウッド（ステディ スタディ）片耳ピアス（ともにYG）24,000円・28,000円／シハラ（シハラ ラボ）

垂れ下がるタイプは、顎先までに収まる長さがベスト

ここまで「ベースになるピアス」として、ダイヤモンドとパールのスタッドピアス、地金のフープピアスの3タイプについてお話ししてきました。最後は、垂れ下がるタイプのピアスについてもご説明しましょう。

垂れ下がるタイプは、トレンドによってデザインが左右されやすいもの。そのため、ベースのピアスには認定しにくいというのが結論です。ただし、上手く取り入れれば、華やかなムードをプラスするのにとても効果的なアイテムです。

選ぶときは垂れ下がる長さがポイントになりますが、ベストなバランスは着ける人の耳の位置、顔の大きさ、首の長さによって変わってきます。一般的には、垂れ下がったモチーフの下端が顎先より下にきていたら、長すぎると判断してよいでしょう。

注意したいのは、首が短い人の場合。ピアスの下端が肩に当たってきれいに垂れ下がらないこともありますし、何より垂れ下がるタイプをつけると、首の短さを強調してしまうことにもなりやすいからです。こうした場合は、やはりスタッドピアスかフープピアスの中で、自分に似合うものを探すとよいでしょう。そのほうが、すっきりと洗練されて見えるはずです。

気軽に着けがちなプチネックレスは、実は似合う人が少ない

細いチェーンに小さなトップが付いたプチネックレスは、とてもポピュラーなアイテム。ギフトにも人気で、誰でも1本は持っているものではないでしょうか。ですが、このプチネックレスが本当に似合う人は、実はかなり少ないのです。

たとえば、10〜20代前半の若い人で、首にシワもたるみもなく、パンと張ったみずみずしい肌、さらに小顔で首が長めの人なら、プチネックレスも似合うと思います。でも、ある程度の年齢になってくると、肌はたるんで首にもシワが出てきます。そこに、華奢なチェーンのプチネックレスを着けても、遠目に見るとシワが1本増えたようにしか見えないと思うのです。また、トップが襟元に入り込んでしまうなど、洋服のネックラインとのバランスが取りにくいのも気になるところ。着るものを選ぶとなると、日常使いのジュエリーにはなりにくいといえるでしょう。

このように、プチネックレスは似合う人の範囲がとても狭い、高難易度のアイテム。そして大人になればなるほど、似合う度合いは下がっていきます。ちなみに、着るものと長さのバランスが問われるのはプチネックレスだけでなく、ネックレス全般に当てはまります。なんとなく着けがちなネックレスですが、実はかなり難しいものであることを、しっかり覚えておいてください。

顔の大きさ、首の長さで、ネックレスが似合うかどうかが決まる

71ページでもお話ししたように、多くの人はネックレスを何も考えずに着けがち。でも、ネックレスが似合うかどうかは、首の長さと顔の大きさで決まります。

まず、ネックレスは首元に着けるアイテムですから、やはり首が短い人よりは長い人のほうが似合います。そして、長さもあってほっそりしていれば、申し分ないといえるでしょう。逆に、首が短かったり太かったりする人がネックレスを着けると、より一層首の短さや太さを強調してしまうことになりかねません。ジュエリーの役目は、あくまで着ける人を素敵に見せること。体型に合わないものを無理に着けると逆効果になってしまうこともあるので、十分注意してください。

また、肩幅が広い人も、ネックレスには向いていません。ネックレスを着けるとそこに視線が集まるので、相対的に広い肩幅を強調することになってしまうからです。つまり結論をまとめると、ネックレスが似合う人は、小顔で長く細い首、そして肩幅が広くない人、ということになります。

ちなみに、胸元まで垂れ下がるようなロングネックレスやペンダントなら、比較的誰にでも似合います。指輪やピアスはどうしても苦手、という人はこちらを試してみるとよいでしょう。

ネックレスは、よく着る
トップスの襟ぐりの形に
合うものを選べば失敗しない

私がファッションのスタイリングをしている時、度々難しいなと思うのは「ネックレスと、洋服の襟ぐりの形とのバランス」です。

ネックレスが似合うネックラインの代表は、タートルネック。次に、Vネックです。トップスとして着る機会が多いクルーネックはというと、実はこれが最も難しい形。なぜかというと、ネックレスのトップがちょうど襟ぐりに重なりやすいから。でも、タートルネックとVネックなら、重ならずによく見えるというわけです。

ちなみにブラウスの場合は、フリルやボタンなどのアクセントがすでに十分付いているので、どんなネックラインであってもネックレスはいらないと思います。

着る服のネックラインは好みが分かれるので、自分のパターンはある程度決まっているでしょう。もしネックレスを買おうとしていたら、よく着るトップスのうち最低2着のネックラインに合うものを選べば、普段から着けこなせるものになります。これは頭で考えるのではなく、実際に試着したほうが確実。必ず、よく着ているネックラインの服でお店に行くようにしてください。もし何回か下見に行くなら、その度に違うネックラインのトップスを着て行って試してみると、より安心だと思います。

HOW TO SELECT BASIC JEWELRY

まずは、長すぎず短すぎない「マチネーレングス」のパールネックレス

ネックレス選びの難しさについていろいろお話ししてきましたが、そうした中でベースになるネックレスを挙げるとすれば、私はパールのネックレスだと思います。ただし、重要なのは長さ。パールのネックレスにはいくつかの長さ（レングス）がありますが、おすすめは「マチネーレングス」です。

マチネーレングスは60センチほどで、バストの上くらいに届く長さ。欧米では、昼間の装いに多く用いるといわれています。日常使いには上品すぎる長さに感じられるかもしれませんが、これこそ絶妙におしゃれっぽさが醸し出せる長さなのです。たとえば、ボーダーシャツとデニムに合わせると、カジュアルスタイルが程よくフェミニンなムードに。ざっくりしたローゲージニットに合わせても、品が出て素敵です。最も一般的な約40センチのチョーカーレングスの場合、プチネックレスと同じようにネッククラインとの相性が気になるところですが、このマチネーレングスならどんなネッククラインにも似合います。もちろん、バランスが難しいクルーネックにもOK。

まさに日常使いにはおすすめですが、汗をかきやすい夏場に毎日素肌に着けたりすると、変色しやすくなるのは避けられません。一日着けたら、外したあとに必ず柔らかい布で拭く習慣をつければ、美しい光沢を長く楽しむことができます。

マチネーレングスならTシャツに合わせてもおしゃれな印象に。パールネックレス（約60cm／アコヤ真珠約7mm×WG）645,000円／ミキモト　Tシャツ21,000円／プラミンク

HOW TO SELECT BASIC JEWELRY

パールネックレスは、季節やシーンで長さを着け分けても

「基本のパールネックレスは、約60センチのマチネーレングス」とお話ししましたが、それ以外の長さも2本目、3本目にはおすすめです。長さごとにパールは印象が変わりますから、自分のファッションやライフスタイルによって着け分ければ上級者です。

まず、右の写真で一番上に着けているのが、約40センチのチョーカーレングス。だいたい鎖骨くらいの長さで、フォーマルな席にふさわしいだけでなく、タートルネックなど襟ぐりを吟味すればカジュアルにも楽しめます。その下に見えるのが、私がおすすめする約60センチのマチネーレングス。さらにその下が、約80センチのオペラレングスです。こちらは、あらたまった席に多く用いられるもの。チョーカーレングスの約2倍の長さなので、2連にしても使えます。調整可能なクラスプ（留め具）があれば、目的に合わせて長さを変えることも可能。このように長いタイプの場合、パールのサイズは小さめでもよいでしょう。

これらのパールネックレスを着ける時、「冬はちょうどいいけれど、薄着になる夏はあと2珠分短いとバランスがいいのに」ということもあるかもしれません。その場合、しっかりしたお店ならアフターケアとして珠外しをしてもらえるので、まずは相談してみましょう。また数年に一度は、定期的な糸替えもお願いすると安心です。

着けた時の長さはこんなイメージ。〈上から〉チョーカーレングスのパールネックレス（約40cm／アコヤ真珠約7㎜×WG）430,000円・マチネーレングスのパールネックレス（約60cm／アコヤ真珠約7㎜×WG）645,000円・オペラレングスのパールネックレス（約80cm／アコヤ真珠約7㎜×WG）860,000円／すべてミキモト　トップス・パンツ／スタイリスト私物

リングは、自分のために着けるジュエリー

手に自信がある人なら、ぜひリングをベースのジュエリーにしましょう。

ピアスやネックレスは、一度着けてしまえば化粧室で鏡を見る時以外は他人からしか見られないものですが、手元に着けるリングは、常に自分で眺められるもの。自分の目で見て、その美しさを楽しむことができます。

また、ピアスやネックレスは顔の近くにあるので、自分の顔立ちに似合うかどうかに頭を悩ませるものですが、その点リングは手元ですから、自分の好きな世界観を作りやすいともいえます。

さらに、リングは重ね着けのバリエーションがとても豊富。耳元、首元より、手元のほうが着けるところはたくさんあるからです。「この指に2つ、この指に1つ着けてみよう」とか、「今日はこの指だけにいくつか重ねてみよう」など、重ね着けのパターンをあれこれ考え、自分の好きなように遊べるのは楽しいものです。

イタリアのジュエリーショップでは、よく「このリングはプレイができるわよ」と言われることがあったのですが、まさにこういうことなのだと思います。ジュエリーの中でも、着ける人の遊び心を最も表現できるアイテムが、リングなのです。

1つでもサマになり、重ねやすい。ベースになるリングを選ぶ3つの条件

リングの種類は、シンプルな地金だけのものから、大きな石がついたラグジュアリーなものまで、実に豊富。その中から、ベースになるものを選ぶための条件として私が考えたのは、次の3つです。

①タイムレスな美しさを持っているもの。

毎日着けていても飽きがこないこと、それがタイムレスな美しさを持つという1つめの条件にあたります。

②派手すぎず地味すぎないもの。

トレンドやそのときの気分で個性的なリングを着けるのも楽しいのですが、それはあくまで遊びの一環。ベースとなるものを選ぶなら、一時的な気分を基準にすべきではありません。派手すぎず、かといって地味すぎても所帯じみた印象になってしまうので、シンプルでも存在感のあるものがベスト。これが2つめの条件です。

③1本で着けても、重ね着けしても美しいもの。

ベースのリングは、普段は1本でサマになり重ね着けを楽しむ際にも馴染ませやすいものであれば、とても重宝して長期間活躍してくれます。これが3つめの条件です。

HOW TO SELECT BASIC JEWELRY

すべてのジュエリーの中から、最初に買うなら、エタニティリング

リングを1本だけ買うなら、私は絶対にエタニティリングをおすすめします。

エタニティリングとは、ダイヤモンドが途切れることなく並んでいるリングのこと。その様子が永遠を思わせるところから、「永遠＝Eternity＝エタニティリング」と呼ばれています。石が全周しているものが「フルエタニティリング」、半周程度のものが「ハーフエタニティリング」です。

エタニティリングは、リングに限らずすべてのジュエリーを含めた中で、「最初のアイテム」としておすすめしたいもの。誰にでも、どんな服装にも合わせやすい上、1本だけでも華やか。もちろん、シンプルなので重ね着けにも最適ですし、サイズが合えばほかの指に着けるなど、年齢とともにコーディネイトの仕方を成長させることができるという点でもすばらしいと思います。

コンサバな雰囲気のエタニティリングは、ある程度の年齢以上の人が着けるものというイメージがあるかもしれませんし、お店によってはブライダルのコーナーに置いてあるので、「結婚する予定もないのに買えない」と思う人も多いようですが、決してそんなことはありません。ぜひ、日常のおしゃれの一環として、エタニティリングを楽しんでみてください。

「マイクロパヴェ・バンドリング〈ハーフ〉」（PT×D）460,000円〜／ハリー・ウィンストン（ハリー・ウィンストン クライアントインフォメーション）　トップス15,000円／リト（ザ・ウォール ショールーム）

HOW TO SELECT BASIC JEWELRY

エタニティリングは、どんな年齢の人でも似合うデザインが必ずある

近年、エタニティリングのバリエーションは実に豊富です。うんと細く華奢なものもあれば、ダイヤモンドのカットも基本のラウンドブリリアントカットだけでなく、バゲットカットなどさまざま。また、地金の色によっても印象が変わるので、選び甲斐のあるアイテムといえるでしょう。

こうしたさまざまな違いの中でも、リングの見た目の印象を大きく左右するのが、石の留め方。主な留め方には、ひとつの爪で両サイドのダイヤモンドを留める「共有爪留め」、各々のダイヤモンドを4つの爪でしっかり留める「4爪留め」、爪はなく両サイドの地金レールで挟み込む「レール留め」などがあります。

ダイヤモンドの輝きを優先するなら、地金の見える面積が最も少ない共有爪留めがおすすめ。一方、見た目にすっきりした印象で強度が高いのはレール留めです。動きの少ない薬指や小指に着けるなら共有爪留め、日常的によく手を使うなら地金の多いレール留めなど、好みやライフスタイルに合わせて考えてみてください。

毎日カジュアルに着けたい人、年齢が若い人なら、細いタイプもおすすめ。ほかのリングと重ね着けしたいときにも、自然に調和してくれるすぐれものです。

太さや地金の色、石の留め方、カットの違いで表情にバリエーションが出るエタニティリング。〈上から〉「ティファニー メトロ リング」（RG×D）290,000円・「ティファニー エンプレイス バンドリング」（RG×D）805,000円・「ティファニー レガシー バンドリング」（PT×D）485,000円・「チャネル セッティング バンドリング」（PT×D）495,000円・「ティファニー ダイヤモンド ウェディング バンドリング」（YG×D）455,000円※すべて予定価格／ティファニー（ティファニー・アンド・カンパニー・ジャパン・インク）

同じリングでも、どの指に着けるかで印象が変わる

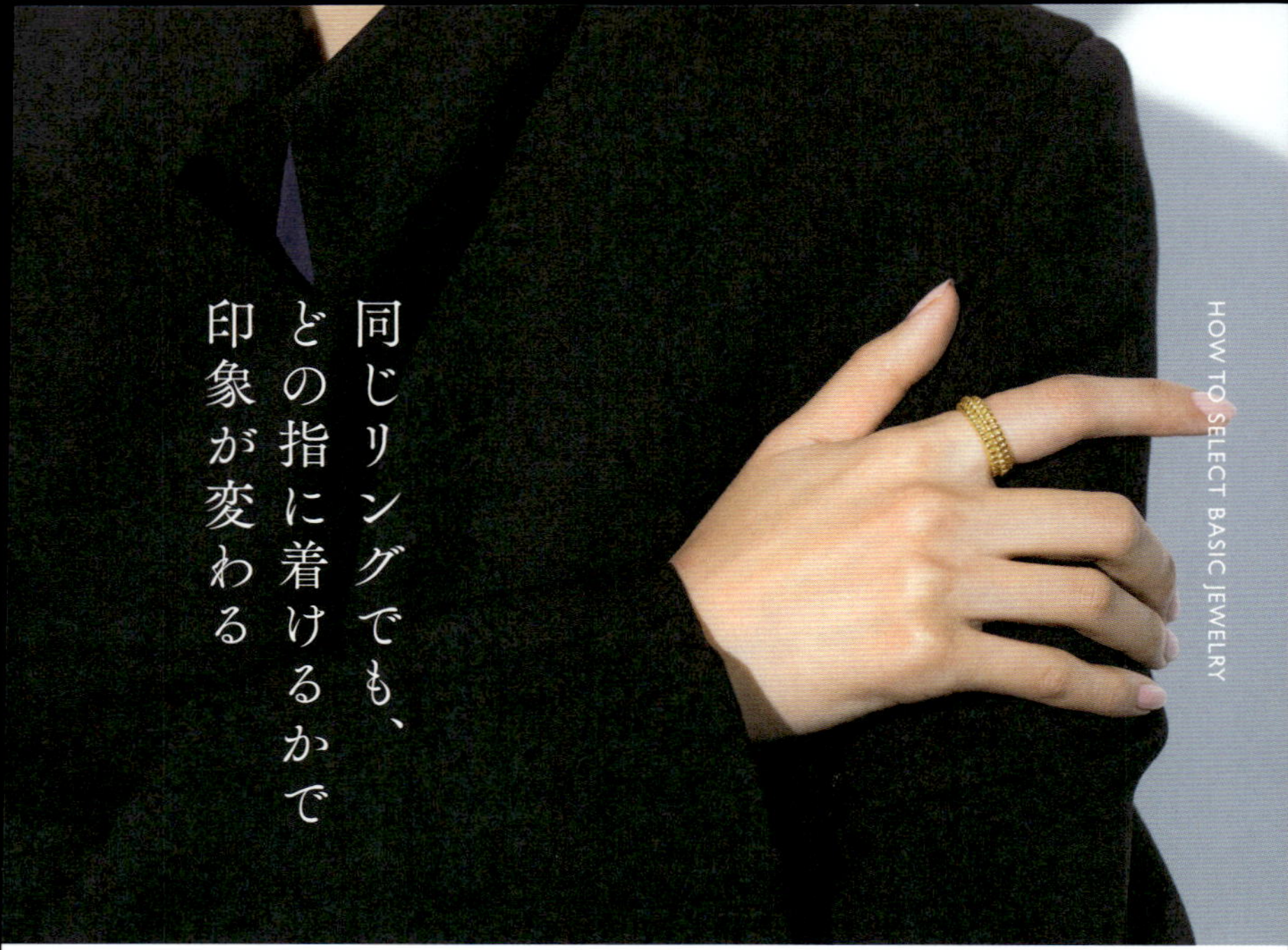

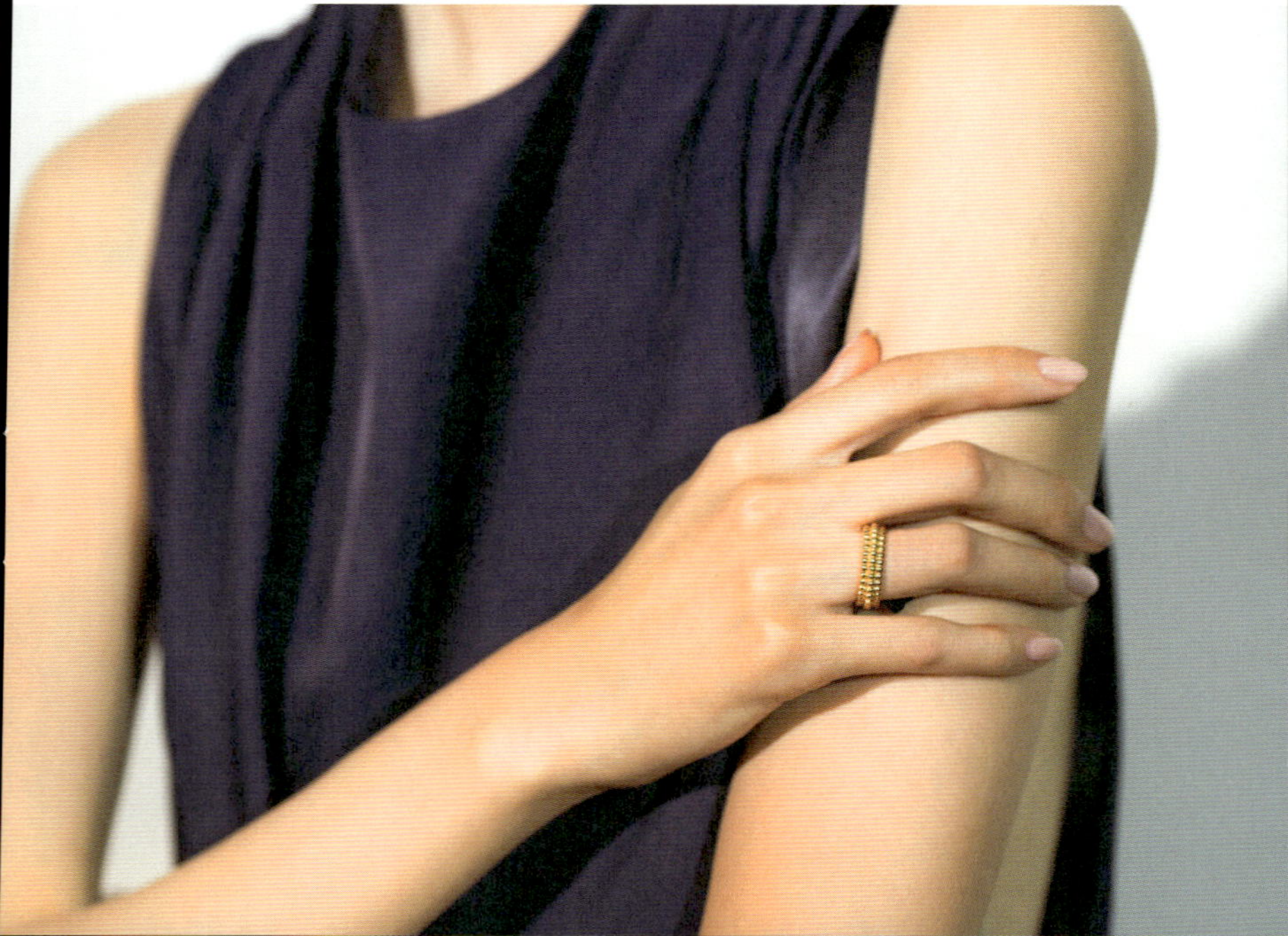

まったく同じリングであっても、着ける指によって醸し出す印象は変わります。基本的には、薬指や小指など外側の指に着けると、上品でフェミニンなイメージ。中指や人差し指など内側の指に着けると、カジュアルでマニッシュなイメージになります。

この法則を利用すると、普段ベース使いしているリングの活用度はさらにアップ。たとえば、サイズさえ合えばその日の服装に合わせて着ける指を変えてみるだけで、手元の印象がスタイルと合致し、とても素敵なイメージに仕上がると思います。

また、マニッシュなリングをあえて小指に着けてみたり、艶っぽくグラマラスなリングを人差し指に着けてみたりという着け方は、私が雑誌などのスタイリングでよく使っているテクニック。一般的には、「華奢なリングは小指に」「ボリュームのあるリングは人差し指に」というイメージが浸透していますが、こうするとリングの印象と着ける指の印象との間にギャップができて、とても新鮮なイメージに仕上がるのです。簡単な裏ワザですから、ぜひ一度試してみてください。

ほかにも、メンズライクなファッションにあえて華奢なリングを合わせたり、シンプルなドレスにあえてボリュームのあるリングを合わせたりという着け方も、遊び心が感じられて素敵です。

シンプルなリングほど着ける指でイメージに差が出る。リング〈上下とも同じ〉「ペルレ ゴールドパール リング 3連モデル」(YG) 275,000円／ヴァン クリーフ＆アーペル（ヴァン クリーフ＆アーペル ル デスク）〈上〉ジャケット173,000円／ジェイ ダブリュー アンダーソン（エドストローム オフィス）〈下〉ドレス53,000円／リト（ザ・ウォール ショールーム）

地金だけのシンプルなリングの地味にならない選び方

ダイヤモンドのエタニティリングはベースのリングとして最適、というお話をしてきましたが、地金だけのリングでも、同じように活躍してくれるものがあります。それは、地金に美しい細工が施されているもの。単にシンプルなだけでなく、日常的に使っても飽きのこない魅力を発し続けてくれるのです。

たとえば、洗練されたゴールドのビーズが美しく連なった、ヴァン クリーフ＆アーペルの「ペルレ」コレクション（88ページでモデル着用）。ゴールドなどの地金にこだわりのモチーフを施した、ブシュロンの「キャトル」コレクション（136ページでモデル着用）。この2ブランドのリングは、それぞれ伝統に裏打ちされたクラフツマンシップが生み出した確かな技術力で、ダイヤモンドがついているエタニティリングに匹敵する美しさを生み出していると思います。

また、地金だけのリングは、マット仕上げか、鏡面仕上げかによっても印象が変わってきます。控えめな輝きでカジュアルな印象のマット仕上げは、似合うファッションのテイストがやや限られますが、鏡面仕上げはどんな装いにも似合い、かつ華やかさもプラスできるので、1つでもサマになりやすくおすすめです。

毎日つける結婚指輪の後悔しない選び方

ジュエリーが大好きという人を除いては、結婚する時に初めてジュエリーを意識する人がほとんどではないでしょうか。

結婚の時に購入するのは、結婚指輪と婚約指輪。結婚指輪は地金のシンプルなもの、婚約指輪は立て爪のダイヤモンドのリング、というのが少し前までの定番でした。ですが、今は婚約指輪を買わない人も増えているそうですし、「地味めの結婚指輪を毎日着けているのがだんだんつまらなくなってきた」とか、「立て爪のダイヤモンドリングは着けられる機会が少ないし、普段使いするにも引っかかりなどが気になるから自然とタンスの肥やしになってしまった」といった声もよく聞かれます。

こうした事情を考えてみると、結婚指輪と婚約指輪の意味を両方兼ねていて、しかも毎日着けられるリングがあればちょうどいいのでは、と思います。

この両立を叶えられるリングはというと、やはりエタニティリングをおいてほかにないでしょう。ベースのリングとしての使い勝手のよさは、すでにお話しした通り。エタニティリングは、どんな場面、どんな装いにも似合う万能性があります。だからこそ、結婚指輪と婚約指輪を合わせた予算で、エタニティリングをひとつ買うというのもよい案ではないかと思うのです。

「おしゃれは手元から」始めやすいのはブレスレット

ジュエリーといえば、普通はピアス、ネックレス、リングが主な3点で、ブレスレット（バングル）はその次、と考えている人は多いかもしれません。ですが、私が最もよく着けているジュエリーは、ブレスレットです。私はスタイリストという仕事柄、リングは引っかかりが気になって普段はあまり着けられません。そこで、ブレスレットを自分のベースジュエリーにしているのですが、私のような事情がない人にも、ブレスレットにはおすすめできるポイントがたくさんあります。

たとえば、リングのところでもお話ししましたが、手元に着けるジュエリーは自分で見て楽しむことができるもの。また、クールでマニッシュなイメージを求める人にとっても、ブレスレットやバングルは最適です。リングとネックレスはどちらかというとフェミニンな印象になりがちなアイテムなのですが、ピアス、ブレスレット、バングルは、カジュアルでさわやかな雰囲気を演出しやすいのです。

人はジュエリーを着ける時、無意識に「こう見られたい自分像」を投影しているように思います。ブレスレットを好む私も、アクティブでクールに見られたいと思っているのかもしれません。30代、40代になって甘すぎるアイテムはそろそろ卒業かもと考えている人も、ブレスレットから試してみるとよいでしょう。

指1本分のゆるさが、腕を華奢に見せる

ブレスレットで手元をきれいに見せるには、選び方にちょっとしたコツがあります。それは、手首に着けた時の「ゆとり」です。

ブレスレットがあまりにも手首にジャストフィットしすぎていると、手首が実際より太く見えてしまいます。手首から腕が華奢に美しく見えるブレスレットの基準は、ブレスレットと手首との間に、指1本入るくらいのゆとりがあること。このくらいのゆとりがあると、相対的に腕をほっそりと見せてくれますし、手を動かした時にも美しく見えます。

ここで気をつけたいのは、逆にゆるすぎるのも美しくないということ。目安は、手を動かした時に、ブレスレットが手首から10センチくらいまでの間で止まってくれる程度です。

ちなみに、ブレスレット自体が極細で華奢なものの場合は、手首にぴったりしたサイズのほうが素敵に見えることもあります。ただしこれは、手首に余分なお肉のついていない、ほっそりした人限定。手が小さかったり、手首がかなり華奢だったりして、ボリュームのあるバングルなどはアンバランスになってしまうという人は、こうしたブレスレットが特権的に似合う人。ぜひ、積極的に試してみてください。

HOW TO SELECT BASIC JEWELRY

ゴールドのバングルは、主役にも脇役にもなれるシンプルでもデザインのあるものを

ブレスレットやバングルの中でベースになるものを考える時も、基本的な条件はピアスやリングと同じ。すなわち、ひとつだけで着けてもサマになること。そして、重ね着けしたい時には脇役になれるくらいの程よい存在感であること、の2点です。この2点を満たすものなら、毎日をともに過ごすパートナーになってくれるでしょう。

ブレスレット好きな私の場合、自分の手首コーディネイトのベースにしているのは、細めのイエローゴールドのバングルです。地金のみですが、細かな彫金技術で印象的なデザインが施されているので、まさにシンプルながらも程よい存在感を持ったアイテムです。1本で着けても素敵ですし、ほかのものと重ねた時には、脇役として上手に馴染んでくれるのも便利。同じイエローゴールドの腕時計との重ね着けにも、見事にマッチしてくれるので、結果的に毎日着けている1本です。

地金の色選びは、それぞれの好みや肌色との相性もありますが、地金のみのバングルなら、基本的にはイエローゴールドやピンクゴールドがおすすめです。どちらも日本人の肌色に馴染みやすく、華やかな輝きでファッションをクラスアップしてくれます。ポピュラーなのはイエローゴールドですが、甘くフェミニンな雰囲気がお好みなら、柔らかなピンクゴールドのほうが親しみやすいでしょう。

ゴールドのビーズは、白系の洋服にも黒系の洋服にも美しく馴染む。
「ペルレ ゴールドパール ブレスレット」（YG）460,000円／ヴァン クリーフ＆アーペル（ヴァン クリーフ＆アーペル ル デスク）　オールインワン 33,000円／オズマ（エストネーション）

HOW TO SELECT BASIC JEWELRY

シルバーのチェーンブレスレットは、ある程度の幅と厚みのあるものを選ぶ

バングルではなくブレスレットを選ぶなら、ベースとしておすすめなのはチェーンブレスレットです。

チェーンブレスレットの場合、ゴールドはやや派手めな印象になるので、毎日着けられるものという観点からすると、選びたいのはシルバー。ただし、シルバーのチェーンブレスレットは、一歩間違えると男性のストリートスタイル的な印象になりがちです。女性が普段の装いの中で素敵に着けこなすためには、チェーンの素材感とデザイン性にこだわって選びましょう。

まず、チェーン自体が華奢すぎたり薄すぎたりするものは、チープな印象になってしまうのでNG。シルバーチェーンをジュエリーとして楽しむ場合は、上質さが感じられる素材感であるかどうかが重要です。上品で美しく見えるのは、チェーンにやや厚みがあって、鏡面仕上げの輝きのあるもの。黒っぽいシルバーは、上質であっても男性的になり過ぎるので、なるべく白く純粋な輝きを放つものを吟味しましょう。

自分で見極めることが難しいという場合は、伝統ある老舗メゾンなど、品質に信用のおけるお店から選べば安心です。

「シェーヌ・ダンクル」は着けたいチェーンブレスレットの筆頭。ブレスレット「シェーヌ・ダンクル」（シルバー）175,000円／エルメス（エルメスジャポン）　トップス17,000円／リト（ザ・ウォールショールーム）　パンツ39,000円／アンスクリア（エストネーション）

GOLD BANGLE

ブシュロンの「キャトル」コレクションなら欲しい地金バングルが見つかる。バングル「キャトル クル ド パリ」右から1番目（PG）490,000円・右から3番目（YG）490,000円・「キャトル グログラン」右から2番目（YG）490,000円・右から4番目（PG）490,000円／ブシュロン（ブシュロン カスタマーサービス）

SILVER CHAIN BRACELET

上質感漂うシルバーチェーンが見つかるティファニー。ブレスレット「ティファニー T チェーン ブレスレット」(シルバー) 一番右 129,000 円・右から 3 番目 76,000 円・「ティファニー ハード ウェア ブレスレット」（シルバー）右から 2 番目 66,000 円・右から 4 番目 165,000 円 ※すべて予定価格／ティファニー（ティファニー・アンド・カンパニー・ジャパン・インク）

HOW TO SELECT BASIC JEWELRY

ボリュームのあるシルバーバングルを がつんと着けるのも素敵

ベースとして着けるジュエリーは、大ぶりではなくやや控えめなものが多いのですが、時には何かインパクトのあるものを着けたいと思うこともあるはず。そんな時におすすめしたいのが、上質なシルバーでボリュームのあるバングルです。

手首は2~3本、あるいはもっとたくさんのブレスレットやバングルを重ねることもできる部位ですが、1本着けるだけで複数の重ね着けに匹敵するような存在感を発揮してくれるのが、ティファニーの「エルサ・ペレッティ ボーン カフ」。

気品あるアシンメトリーなフォルムが特徴で、美しい曲線が手首を優雅に包む様子は、官能的ですらあります。左手用と右手用があり、素材はおすすめのスターリングシルバーのほかに、ルテニウムコッパー、コッパーにブラックカーボンフィニッシュ、さらにゴールドもあります。

普段のファッションがシンプルなので、程よいアクセントがほしいという人には、特におすすめのバングル。春から夏にかけては素肌にそのまま、秋冬はニットやカットソーの上から着けても素敵です。また、左右両手にひとつずつ着けても、個性的でかっこいいと思います。

くるぶしの骨を思わせる個性的なデザイン。バングル「エルサ・ペレッティ ボーン カフ」スモール（シルバー）131,000円・ピアス「エルサ・ペレッティ オープン ハート フープ ピアス」ミディアム（シルバー）56,000円※すべて予定価格／ともにティファニー（ティファニー・アンド・カンパニー・ジャパン・インク）ドレス 53,000円／リト（ザ・ウォール ショールーム）

腕時計も、ジュエリーの
ひとつとして楽しんで

腕時計も、手元を飾る装飾品として考えると、ブレスレットやバングルと同じような意味合いを持つもの。それ1本だけでも美しく、また、ブレスレットと重ね着けしても映えるものがあれば、おしゃれ度をぐんとアップしてくれるでしょう。

今では、時間を知るために腕時計を持つ人は少なくなりつつあるようですが、仕事の場では腕時計をしていたほうが、信頼感につながることもあります。そういう意味で、ジュエリーよりも腕時計を着けることのほうが多いという人は、上質な腕時計に投資するのもひとつのスタイルでしょう。

そこで、腕時計の中でベースになるものとして、最初に購入するならどんなものがよいか、次ページ以降にまとめてみました。

腕時計は何を着けているかで、どんな世界観を愛する人なのか、どんなスタイルを目指している人なのかが一目瞭然にわかるアイテムでもあります。単に時間がわかればいいわけでなく、高級品を選べばいいというものでもありません。ここでは、「着けることで素敵に見える」「おしゃれが完成する」という2点を考慮しながら、「それを着けたときの印象」を最優先に選びました。ブレスレットタイプ、革ベルトタイプに分けて、それぞれの選び方やおすすめモデルをご紹介していきます。

HOW TO SELECT BASIC JEWELRY

ブレスレットタイプは、ゆるめに着けるのがおしゃれ

腕時計はおおまかに、ムーブメントが機械式なのかクォーツなのか、ベルトが革なのかブレスレットなのかに分けられます。

ムーブメントに関しては、機械に手間暇をかけたいなら機械式、あまりかけたくなければクォーツに分かれますが、これはお好みで選んでもらえればと思います。

ファッションの観点から見た場合、大きく印象を左右するのはベルトの形状です。

まず、金属製のブレスレットタイプ。機能的な面からいうと、水や汗に強く、耐久性があるので、定期的に交換する必要がないのがメリットです。デザイン面からいうと、カジュアルなスタイルにも似合いやすく、さらにはビジネスシーンやフォーマルシーンにも使用できるので、汎用性は高いといえます。

このブレスレットタイプの腕時計を美しく着けこなすには、先ほどお話ししたブレスレットやバングルの着け方が応用できます。すなわち、あまりジャストフィットしすぎず、指1本分くらいのゆとりがあること。手を動かした時、一緒に少し動くくらいが、最もおしゃれに見えて美しいと思います。

手首に対して少しゆるめが素敵なブレスレットタイプ。時計「レベルソ・クラシック・スモール」（34.2×21㎜、ステンレススティール、クォーツ）560,000円／ジャガー・ルクルト　リング（シルバー）77,000円／ソフィー ブハイ（エスケーパーズ）　ワンピース／スタイリスト私物

革ベルトタイプは、手首にピタッと着けて

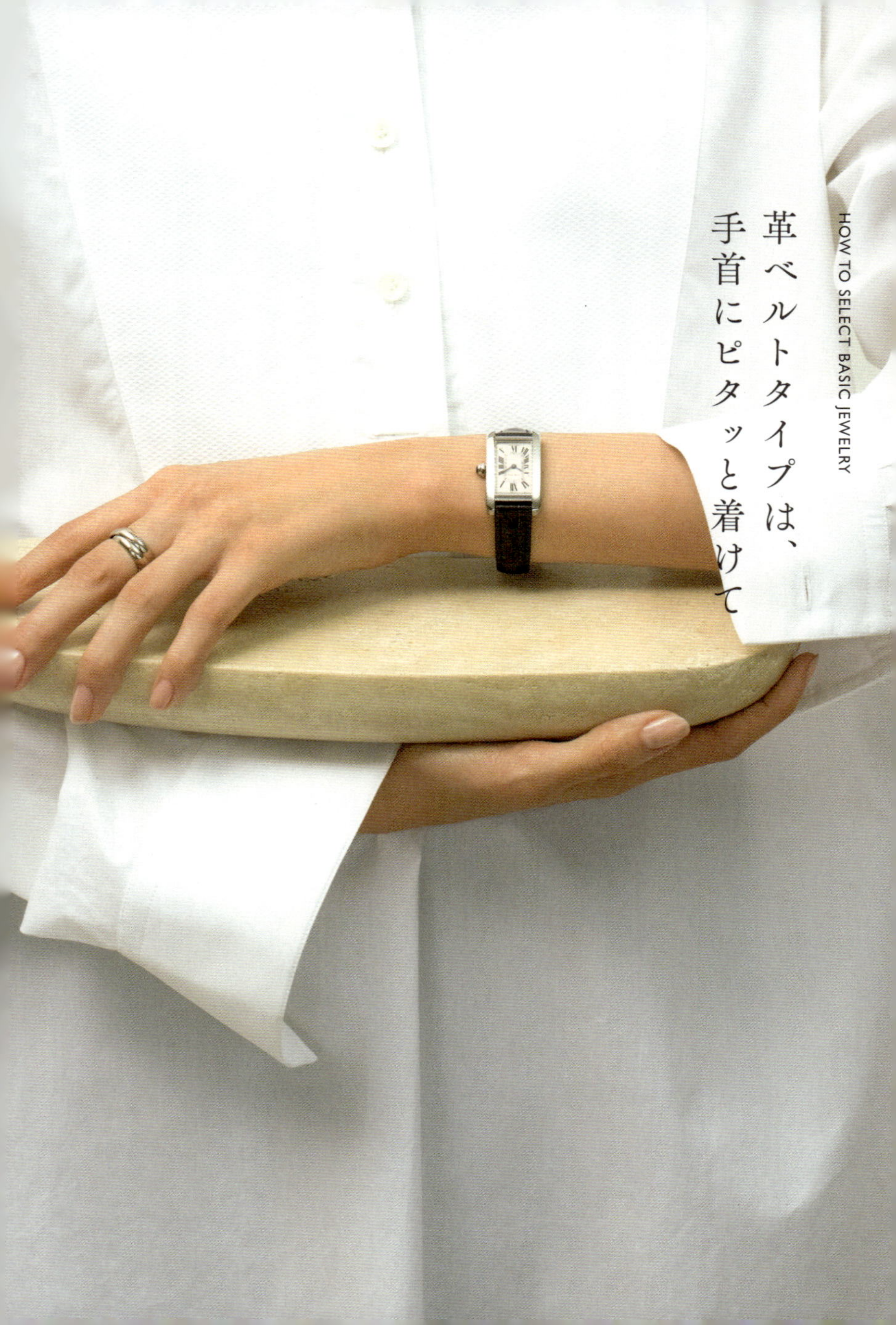

革ベルトには、クロコダイル、アリゲーター、リザード、カーフ、コードバン、オーストリッチなど、たくさんの種類があるのが特徴。カラーバリエーションも豊富に揃っており、こうした中から自分好みのものを選べるのが魅力です。

機能性でいうなら、ブレスレットタイプより軽く、手首へのフィット感に優れているのがメリット。一方で、革はこまめにお手入れしないと傷みやすいという特徴があります。特に水に弱いので、雨の日や汗をかきやすい夏場は、使用を控えたほうがよいでしょう。

見た目の印象でいうと、カジュアルにも対応するブレスレットタイプに対して、高級感を感じさせてくれるのが革ベルトタイプです。クラシック感やフォーマル感を出したい時には、これひとつでその印象をはっきりと打ち出してくれるので重宝します。

そうした革ベルトの腕時計を美しく着けるには、やはりきちんと感が必要。ゆとりをもたせるブレスレットタイプとは逆に、手首にぴったりと巻きましょう。手を動かしても一緒に動いたりしないほうが、上品で素敵に見えます。

きちんと感が漂う革ベルト。時計「タンク アメリカン」（34.8×19㎜、ステンレススティール、ネイビーブルーアリゲーターストラップ、クォーツ）430,000円・リング「トリニティ」（WG）152,500円／ともにカルティエ（カルティエ カスタマー サービスセンター）シャツ／スタイリスト私物

CHANEL

端正なラインとシンプルを極めた文字盤が印象的。時計「ボーイフレンド」（27.9 × 21.5mm、ベージュゴールド、アリゲーターストラップ、クォーツ）1,137,500円／シャネル

CARTIER

シャープさと丸みを組み合わせた縦長のケースが永遠の美しさ。時計「タンク アメリカン」（34.8 × 19mm、ステンレススティール、ネイビーブルーアリゲーターストラップ、クォーツ）430,000円／カルティエ（カルティエ カスタマー サービスセンター）

年齢を問わず間違いなく“素敵”と言われる５つの時計

—最初の１本に選びたいのはこの５つ—

時計はその人の内面を強く物語るアイテム。だからこそ、
最初の１本から手を抜かず自分らしいものを見極めたいもの。
この５本から選べば間違いありません。

JAEGER-LECOULTRE

クラシカルなアールデコ調のデザイン。ケースが反転し裏面にはメッセージを刻印できる。時計「レベルソ・クラシック・スモール」（34.2 × 21㎜、ステンレススティール、クォーツ）560,000円／ジャガー・ルクルト

IWC

大きな文字盤ながらベゼルが薄く女性の手首にも似合う。時計「ポルトギーゼ・クロノ・オートマティック」（40.9㎜径、ステンレススティール、アリゲーターストラップ、自動巻き）755,000円／IWC

HERMÈS

カーフにホワイトのステッチが効いたストラップが小さな文字盤とリンクして素敵。時計「ナンタケット」（23 × 17㎜、ステンレススティール、レザーストラップ、クォーツ）264,000円／エルメス（エルメスジャポン）

買う時は、普段の自分らしい格好でお店に行く

「ジュエリーを買う時は、おしゃれして行ったほうがいいですか？　デニムやスニーカーではだめですか？」という質問をいただくことがよくありますが、いつもの自分とまったく違う格好で行くのは、失敗の元です。

確かに、ジュエリーショップはたいてい素敵な街の中にあり、高級感ある店構えになっていることが多いので、「ドレスアップして出かけなくては」と思う気持ちもよくわかります。探しているジュエリーがドレスアップ用のものでしたらそれでもいいのですが、普段使いしたいジュエリーを探しに行くなら、なるべくいつも通りの格好でお店に行って、いつもの自分に本当に似合うかどうかをしっかり確認してください。

もちろん、非常識なほどカジュアルすぎるスタイルはNG。普段の通勤に着て行く洋服や、友達とランチの時に着て行く洋服、それくらいの感覚をキープできていればOKでしょう。最近では、ハイブランドのジュエリーショップでもデニムにスニーカーというお客様も見かけますから、安心して出かけて大丈夫です。

また、お店によっては下見にもアポイントを取る必要があるかもしれませんが、アポイントを取ったからといって、絶対に買わなくてはならないわけではありません。安心して、堂々と下見に行ってください。

必ず複数のお店を回り、値段ごとに買う基準を設ける

ここまで読んでくださって、「リングを買ってみよう」とか、「似合うピアスを探しに行こう」と思ってくださったとしたら、ぜひ複数のお店を見て回るようにしてください。そうすると、たとえ初めてのジュエリー選びでも、たとえばダイヤモンドなら輝きの違いがわかったり、最初はぼんやりしていた自分の好みがはっきりわかったりしてくるはずです。そしてぜひ、普段のあなたをよくわかっていて、あなたに遠慮せず助言してくれる友達や家族と一緒に行くことをおすすめします。ひとりで行くと、つい舞い上がりがちな気持ちの手綱を引いてもらえれば、失敗も減らせるでしょう。

また、金額の目安は個人によって感覚が違うので一概にはいえませんが、たとえば10万円台くらいのものなら、3年は使う気持ちがあれば買ってOKだと思います。そして、一桁上がって100万円台のものを買う時は、「あなたが目指したい憧れの人になるために必要かどうか」「普段の自分がそれを本当に着けるかどうか」を、一度家に帰ってよく考えてみてください。それだけのものを身に着けた時の高揚感は、大きなエネルギーになります。そして、タンスの肥やしにすることなく、普段それを着けることが本当にできるのなら、5年後10年後のあなたは必ず、今より高いところへ到達できているはずです。

Misaki's Favorite Jewelry

星のモチーフブレスレット

いつも肌身離さず、シャワーを浴びる時も外さないのがこのブレスレット。イタリアのヴィンテージショップで見つけたもので、決して高価なものではないのですが大好きな１本です。誰しも好きなモチーフがあると思うのですが、私は若い頃から星が好き。中でもこのブレスレットの星は、形もバランスも理想の星で、まさに私にとってのラッキースター。いつも身に着けていることで前向きに過ごせるような気がします。

CHAPTER

4

さらにおしゃれに見える、ジュエリーの着け方

HOW TO WEAR JEWELRY

ジュエリーは散らさずに、1・2か所に盛る

「1個1個は素敵なジュエリーなのに、着け方が残念」と思ってしまうのは、ピアスにネックレス、リングにバングルと、体のいろいろな部位にあれこれジュエリーを着けている人を見た時です。

たとえジュエリーの選び方自体は素敵でも、3か所以上にジュエリーを着けるのは難しいもの。よほどバランスよく着けていない限り、盛り過ぎに見えてしまい、自分を引き立ててくれるはずのジュエリーが、逆効果になってしまいます。

たとえば、顔回りのジュエリーで考えてみましょう。耳元に存在感のあるピアスを着けて、ネックレスにも目を引くものを着けたら、顔の印象がどちらにも引っ張られてしまい、ジュエリーに負けてしまいますね。

ベースになるジュエリーの選び方や、そのシンプルな着け方をマスターして、「さらにジュエリー使いを楽しみたい」「もっとジュエリーを重ね着けしたい」と考えるのは素敵なこと。それなら、ジュエリーを着ける場所を増やすのではなく、着ける場所をひとつに絞り、散らさず重ねて盛るほうがずっと簡単におしゃれに見せられます。

たとえば、ノースリーブワンピースの腕にバングルを複数重ねるだけで、見慣れたワンピースがぐっと新鮮になるはず。「ジュエリーは場所を絞って盛る」が、鉄則です。

同ブランドの幅違いなら合わせやすい。バングル（すべてシルバー）〈右手〉手首側から、180,000円・90,000円　〈左手〉220,000円／すべてコディ　サンダーソン（エストネーション）　ニット24,000円／アダワス（ショールーム セッション）

HOW TO WEAR JEWELRY

時計もアイテムのひとつとして、重ね着けを楽しみたい

今はスマホでも時間を確認できるので、腕時計をしないという人も増えているようです。実際、時間を知るだけならスマホで十分ですが、腕時計は単に時間を見るだけのものではないはず。こだわりを持って選び抜いた腕時計を大切に着けている女性を見ると、「この人は時計と同じように〝時間〟そのものも大切にして、丁寧に暮らしている人なのだ」と感じられます。

あなたの大切な腕時計を、もっともっと美しく身に着けたいと思ったら、ブレスレットやバングルと重ね着けしておしゃれ度をアップしてみましょう。革ベルトタイプでもブレスレットタイプでも、どちらでも重ね着けは楽しめます。ブレスレットやバングルで手首を盛る時と同じように、腕時計をそのうちのひとつとして考えれば簡単です。初めてなら、色のトーンを合わせれば失敗しないでしょう。慣れてくれば、違う色とのマッチングを楽しんでも素敵です。

右の写真のように、マニッシュな時計とゆとりのあるブレスレットやバングルを合わせれば、手首に動きが出て時計のかっこよさがさらに際立ちます。この時、手首のコーディネイトを邪魔するようなジュエリーをほかに着けないことも重要です。

ホワイトのアリゲーターストラップに合わせて、シルバーのブレスレットやバングルをプラス。時計「ポルトギーゼ・クロノ・オートマティック」（40.9㎜径、ステンレススティール、アリゲーターストラップ、自動巻き）755,000円／IWC　チェーンブレスレット（シルバー）250,000円／コディ サンダーソン（エストネーション）　バングル（シルバー）108,000円／スピネリ キルコリン（サザビーリーグ）　Tシャツ21,000円／ブラミンク　デニム25,000円／ジョン ローレンス サリバン

HOW TO WEAR JEWELRY

手首盛りは、両手首にわたってもいい

手首にジュエリーを盛る場合、どうしても自分の重ねやすいほうの手首だけに盛ることが多くなると思いますが、両手首にバングルやブレスレットを着けるのも、ジュエリー上手な人らしい素敵なコーディネイトだと私は思います。

その時に大切なことは、左右の手首の世界観を共通させておくこと。左右でバラバラの世界を作り上げてしまったら、ジュエリーアイテムをあちこちに着けてしまった時に感じるのと同じ違和感が漂ってしまうからです。

左右に着けるブレスレットは、それらを片方だけの手首に重ねたとしてもきれいにまとまるような組み合わせにしておけば、共通の世界観を演出することができます。たとえば、右ページのモデル着用例のように、地金の色を合わせたり、同じブランドのものを左右に分けて着けるのもひとつの方法。この時、両方のボリュームを同じにするのもありですし、片方のボリュームを多めに、片方を少なめにしてもOKです。

また、両手首盛りをする時は、リングなどほかのジュエリーアイテムを極力控えめにすることも重要なポイントです。着けるとしても、バングルから距離が離れている耳元に、ごくシンプルなものをするくらいがいいでしょう。盛り過ぎにはくれぐれも注意です。

エルメスの人気ブレスレット2点は世界観を合わせやすい。〉〈左手〉ブレスレット「シェーヌ・ダンクル」（シルバー）175,000円・〈右手〉レザーブレスレット「コリエ・ド・シアン」156,000円／2点ともエルメス（エルメスジャポン）　デニム25,000円／ジョン ローレンス サリバン　シャツ／スタイリスト私物

HOW TO WEAR JEWELRY

地金の色は統一しなくてもOK

ひと昔前まで、「私はホワイト派」「私はイエロー派」というように、自分が着ける地金の色は統一すべきもの、という考え方が主流でした。

もちろん、肌の色や髪の色などによって、ホワイト系かイエロー系のどちらかが似合いやすいのは事実ですが、そればかりに縛られていると、ジュエリーコーディネイトの幅が広がりません。自分の軸の地金色はきちんと把握しておきつつ、ホワイト系とイエロー系の地金を上手にミックスすることができれば、さらにジュエリー使いが楽しくなると思います。

私自身は、基本的にイエロー系がベースなのですが、手首にブレスレットを重ねる時、イエロー系が多めの中にシルバーの細いブレスレットを数本、ミックスすることがあります。すると、ちょっと雰囲気が楽しげに、そして表情が豊かになり、ぐっと新鮮な気持ちになるのです。右ページでモデルが着用しているチェーンブレスレットのように、最近はひとつのアイテム自体にピンクゴールドとシルバーなど、違う色の地金がミックスされているものもあって、手軽に地金ミックスが楽しめます。

少し前までのタブーも、今は全然あり！　ジュエリーコーディネイトは、日々進化しているのです。

シルバーを基調にさまざまなゴールドをミックス。〈手首側から〉チェーンブレスレット（PG×シルバー）125,700円・バングル（YG）326,000円・チェーンブレスレット（グリーンゴールド×シルバー×D）250,000円・バングル（WG×ブラウンD）677,000円・リング（WG×ブラウンD）266,000円／hum（hum 神宮前 アトリエ＆ショップ）　ドレス79,000円／オユーナ（オーガスト）

HOW TO WEAR JEWELRY

ピアスの穴を増やして、片耳に2つ着けてみる

体のパーツ1か所にいくつかジュエリーを重ねると、1つだけ着けたときに比べて、1＋1＝2以上の広がりが出ます。手首にブレスレット、指にリングを重ね着けするように、耳元にもピアスを重ねてみると新鮮です。

今、左右に1つずつピアス穴が開いているという人は、どちらか片方にもう1つ、ピアス穴を開けてみるのはいかがでしょう。このとき、左右同じ穴の数ではなくて、たとえば右が1つなら左は2つなど、あえて数も左右アンバランスにしたほうが素敵だと私は思います。

ピアス穴を2つにしたほうの耳は、さっそく2個着けにトライしてみましょう。下のほうのメインの穴に大ぶりの個性的なピアスを着けたら、上のほうのサブの穴には、シンプルなダイヤモンドのスタッドピアスなどがおすすめです。こうして大小のバランスを調整すれば、ハードになりがちな2個着けもおしゃれに楽しめます。

右ページのモデルのように極端に差をつけても楽しいですし、ダイヤモンドのスタッドピアスを2つ、ダイヤモンドのカラット数を変えて着けるなどの控えめな2個着けも、普段の装いにはとても素敵だと思います。

印象的な星型ピアスに、小さなダイヤモンドをプラスすればさらに華やかに。「アブストラクト スター ピアス」左耳用（YG）300,000円※片耳価格・ダイヤモンド スタッド ピアス（WG×D）321,000円※両耳価格／2点とも TASAKI　シャツ 39,000円／リト（ザ・ウォール ショールーム）

HOW TO WEAR JEWELRY

あえて、左右で違う色のピアスをしてみる

私はスタイリストという仕事柄、常日頃ジュエリーについて「もっと自分らしく楽しむにはどうしたらいいのだろう」といろいろ趣向を凝らしているのですが、ある時思いついたのが、左右のピアスをあえて違う色にしてみるというテクニックです。

たとえば、右ページでモデルが着用している、ブルガリの「ディーヴァ ドリーム」は、古代ローマの洗練されたモザイク装飾に着想を得た印象的なピアス。扇型を逆さにしたようモチーフは、使用する石によって表情ががらりと変わるのが特徴です。たとえば、深いグリーンのマラカイトなら艶やかな大人っぽさを漂わせ、乳白色のマザーオブパールならピュアな優しさを漂わせます。この対照的な2つの石を、あえて左右に着けてみると、どちらから顔を見られるかで印象が大きく変わるのです。

一般的に「ピアスやイヤリングは左右同じものを着けるのが当たり前」と思われているので、こうするにはピアスを1セットずつ買う必要があります。贅沢な使い方ではありますが、こんなアレンジをするといつもと違う自分に出会えて楽しいもの。この楽しさに気づいてから、私は「あえてピアスを左右違うデザインに」というコーディネイトを、プライベートでも仕事のスタイリングでも度々取り入れています。

左耳にマザーオブパールの白、右耳にマラカイトの緑。2点ともピアス「ディーヴァ ドリーム」（PG× マザーオブパール ×D）225,000円・（PG× マラカイト ×D）240,000円※ともに両耳価格。片方ずつ着けています／ブルガリ（ブルガリ ジャパン）シャツ 36,000円／アダワス（ショールーム セッション）

HOW TO WEAR JEWELRY

ピアス穴を開けたくない、増やしたくない人でも耳元の重ね着けは楽しめる

先ほど「ピアス穴を増やしてみませんか」とご提案しましたが、中にはピアスの穴を開けたくないという人もいらっしゃるでしょう。そんな人でも、耳元の重ね着けを楽しめるアイテムがあります。それは、イヤーカフ。ここ数年で、一気に人気になってきたアイテムです。当初はアクセサリー系ブランドからいくつか出ているのみでしたが、今ではおしゃれな大人の女性も素敵に着けられる、センスのいいアイテムがハイブランドからも続々登場しています。

イヤーカフは、着ける人の耳の形、大きさ、厚さ、軟骨の位置や形によって、位置も着け方も自由に楽しめるところが、個性を反映しやすくて素敵だと思います。右ページのモデルのように、耳たぶ回りにいくつかサイズの違うもの、色の違うものを重ねてもいいですし、小さめのイヤーカフを耳の上部に着けても素敵です。イヤーカフ同士の重ね着けのほか、ピアスやイヤリングとの重ね着けも可能です。

私にとってもイヤーカフとの出会いは衝撃的でした。今まで、耳に着けるジュエリーは「耳たぶを飾るもの」という認識だったのに、「耳たぶ以外を飾る楽しさ」に気付かせてくれたからです。ちょっと気分を変えたい人も、ぜひお試しください。

石の色も地金の色も自由に楽しんで。〈上から〉イヤーカフ（YG×ブラックサファイヤ）48,000円・（YG×グリーンガーネット）68,000円・（WG×D）88,000円／すべてヒロタカ（ヒロタカ 表参道ヒルズ）シャツ24,000円／エストネーション

眼鏡をかける時の、トゥーマッチに見えないジュエリーの選び方

眼鏡を着用している人から、「眼鏡をしている時のジュエリー使いが難しい」というご相談をいただくことが度々あります。眼鏡をしてジュエリーを着けた時の違和感というのは、ほぼ「トゥーマッチ感」にあるでしょう。テレビや雑誌などを見ていると、存在感のある眼鏡に大ぶりのピアス、首元にはネックレスという人をよく見かけますが、やはり盛り過ぎ感は否めません。

まず、眼鏡は顔にプラスするものですから、ジュエリーを着けるならそこから離れている手元をメインにすればOK。リングやバングルなら、重ね着けをしても決してトゥーマッチ感にはつながらないと思います。

逆にNGなのは、ネックレス。正面から見た時、眼鏡とネックレスが主張し合ってしまうので、極力避けたほうがいいと思います。

また、ピアスも眼鏡と隣り合うほど近い部分に着けるものですから、主張の強いものは避けたほうが無難でしょう。でも、耳に何かを着けたい場合は、ダイヤモンドや小さめパールのスタッドピアスでしたら、素敵にコーディネイトできると思います。その場合、眼鏡の地金とジュエリーの地金の色を統一すると、より違和感なくおさまってくれるはずです。

HOW TO WEAR JEWELRY

リングの「縦レイヤード」は指が長い人におすすめ

リングの重ね着けをマスターすると、手元のコーディネイトの幅はぐんと広がります。重ね着けの仕方はたくさんあるのですが、最も基本的なのは、1本の指に何本かのリングを縦にレイヤードする方法。これは、リングを重ねた分だけ高さができることになりますから、ある程度指が長い人でないと難しいかもしれません。指が短い人があまり縦長に重ねてしまうと、指の短さを強調してしまうことになるので、避けたほうが無難でしょう。

重ねる指は、特に決めなくても大丈夫。自分が着けたい指に、自由に重ねてみましょう。89ページでもお話ししましたが、薬指や小指に重ねるとフェミニンな印象が強調され、中指ならややマニッシュになり、人差し指ならより強い印象に見えます。指がとても長い人なら、右ページのモデルのコーディネイト例のように、4本5本と重ねてもOKです。

重ねるリングも決まりはなく、さまざまな色の地金、太さ、デザインのものを、気分で自由にミックスしてみるのがおすすめです。

洗練された世界観が醸し出せるブシュロンのリングの縦レイヤード。リング〈指先から〉「ファセット」（PT）154,000円・「セルパンボエム」（PG）94,000円・「クル ド パリ」（PT）154,000円・「セルパンボエム」（YG）94,000円・「キャトル クラシック」（PG×YG×ブラウンPVD）199,000円・「エピュール」（WG×D）291,000円・「キャトル グログラン」（YG）155,000円／ブシュロン（ブシュロン カスタマーサービス）

HOW TO WEAR JEWELRY

指が長くなくても
重ね着けが楽しめる
「横レイヤード」

指がほっそり長い人なら、リングの重ね着けは難なく楽しめますが、問題はそれほど指が長くない人の場合です。

基本的に、指に注目が集まらないほうが無難といえば無難ではあるのですが、それでも重ね方しだいで、洗練された手元を演出する方法があります。それが、リングの「横レイヤード」。私自身も今、プライベートでは「縦レイヤード」より「横レイヤード」のほうが気分です。

指がそれほど長くない人が「横レイヤード」をするときは、基本的に地金のリングのみでバリエーションをつけて並べていくのがいいでしょう。地金の色を統一してみると、悪目立ちもせず成功しやすいと思います。細いリングだけを2つ3つ並べるというのも、控えめながら洗練された印象に仕上がっておすすめです。

細いリングの「横レイヤード」に慣れてきたら、右のモデルが着用しているコーディネイトのように、細いものや太いものをランダムに並べた「横レイヤード」にも、ぜひ挑戦してみましょう。

指が長くない人でも横に並べる重ね着けなら素敵に楽しめる。リング〈人差し指〉（YG）25,000円・〈中指〉（YG）75,000円・〈薬指・指先から〉（YG）53,000円・（YG）65.000円／すべてシハラ（シハラ ラボ）シャツ／スタイリスト私物

HOW TO WEAR JEWELRY

指や手に自信がない人は、手元をワントーンでコーディネイトして

指や手は、さまざまなお悩みを抱えやすいパーツ。短い、太い、分厚い、爪の形が悪いといった形状的なコンプレックスのほか、シワが多い、シミが増えてきたといった加齢によるコンプレックスも出てきます。これらを目立たせたくなければ、ネイルもリングも着けずに素のままでいればいいのでは？と思われるかもしれませんが、それなりにきちんとケアをした上で、リングをワントーンでコーディネイトすれば、多少の形の難点やシミなどは気にならなくなります。

たとえば、脚の長さをカムフラージュするために、ボトムスから靴までを同じワントーンでつなぐというテクニックがありますが、まさにこれと同じ効果。手肌の色に近いベージュのワントーンでまとめれば、手の難点を目立たせることなく、リングを楽しむことができるのです。

ネイルカラーは、肌の色と同化するくらいのベージュをチョイス。爪は、短くても大丈夫です。長くすると、かえってコンプレックスを目立たせることになってしまいがち。リングの地金は、自分の肌色に最も馴染むカラーをチョイスして「横レイヤード」で。私のおすすめは、ベージュゴールドのシャネルの「ココクラッシュ」です。

ベージュゴールドはシャネル独自の素材で肌なじみがよくまろやかな色合い。リング2点とも「ココ クラッシュ」（ベージュゴールド）〈中指〉358,000円・〈人差し指〉262,750円／すべてシャネル　ドレス110,000円／カリタ（エストネーション）

HOW TO WEAR JEWELRY

ネイルが主役の日は地金のみのリングでモダン&クールに

鮮やかなレッドなどのネイルカラーや、凝ったネイルアートが定番という人の場合、リングまで色石やダイヤモンドをふんだんに取り入れたものを着けると、たちまちトゥーマッチな印象になってしまいます。たとえ指が美しいと自信があり、そこをジュエリーで際立たせたいとしても、やり過ぎは品を損なう原因。ネイルを優先したいなら、リングの選び方を考え直しましょう。

派手めのネイルをする時は、リング自体は地金のみにすること。

ただし、単にシンプルなデザインのリングを着ければいいというわけではありません。ネイル自体がこってりした印象になっているので、リングは逆にモダンでクールなデザインを選べば、それぞれの相乗効果で洗練された空気感が生み出されるのです。

たとえば、右ページのようなダブルフィンガーリングは、遊び心とエッジのきいたアイテム。このクールさが真っ赤なネイルと引き立て合って、おしゃれ上級者の貫禄を醸し出します。

2本の指に着けるモダンなダブルフィンガーリング。リング（シルバー）79,000円／シャルロット シェネ（エドストローム オフィス）ドレス55,000円／オユーナ（オーガスト）

HOW TO WEAR JEWELRY

ボリュームのあるデザインをピンキーリングにして新鮮に

ピンキーリングといえば、華奢で可愛らしいデザインのリングを、ちょこんと小指に着けるもの――私たちは長年、そんな固定観念を持ち続けていたと思います。

ここまでいろいろとお話ししてきたなかで、すでにお気づきの人もいらっしゃるかもしれませんが、「素敵だな」「おしゃれだな」と思われるジュエリーコーディネイトの条件のひとつには、意外性やサプライズ感の演出というものがあります。たとえば、「ジュエリーの地金はミックスしていい」「両手にブレスレットをしてもいい」といったものがそれに当たるでしょう。

ピンキーリングに関しても、リボンやハート、フラワーモチーフなどの可愛いものを着けなければならないという決まりはありません。ジュエリー上級者になったら、逆にがつんとボリュームのあるリングを、あえて小指に着けてみるのも大いにありです。そうすることで意外性が際立ち、おしゃれな印象をぐっと強く演出できます。

右ページでモデルが着けたのは、いわゆるカレッジリング風のデザインが存在感たっぷりのリング。地金はプラチナとシルバー、さらにシックなグレイダイヤモンドのアクセントが、控えめなきらめきをプラスしています。

意外にもどんな装いにも合わせやすいリングはプラミンクとハムのコラボアイテム。リング（PT×シルバー×グレイダイヤモンド）225,000円／プラミンク×ハム（プラミンク）

あえて、見えないように着けるネックレス

イタリアにジュエリーの勉強をしに行っていた頃は、イタリアのマダムたちのジュエリー使いに、毎日驚いたり感心させられたりしていました。中でも、いまだに強く印象に残っているジュエリーコーディネイトがあります。

その女性は、40歳過ぎのマダム。もう、若くピチピチしたお肌の持ち主というわけではなく、それなりに日焼けをしたデコルテには、少しくすみも見られました。でも、それを隠そうとするわけでもなく、シャツのボタンを広めに開け、実に魅力的に身振り手振り付きでお話をされる方でした。そうして彼女が腕を伸ばしたり、大きな口を開けて笑う度に、シャツの襟元からパールのネックレスがちらりちらりと見えるのです。普通、ネックレスは洋服の上に「ほら見て」という感じで着けるのに、彼女の場合は「見える人だけに見えればいい」という着け方。この高度なテクニックに、私は目が釘付けになったことを今なお鮮明に思い出すのです。

ネックレスは、効果的に見えるように着けるのが難しいアイテムですが、彼女のように「積極的に見せない」着け方も素敵です。たとえば、カジュアルなワークシャツの胸元、Gジャンの胸元など、ギャップのある着こなしからちらりと覗いたら、さらにかっこいいと思います。

約60cmのマチネーレングスがこのテクニックにおすすめ。パールネックレス（約60cm／アコヤ真珠約7㎜×WG）645,000円／ミキモト　シャツ24,000円／エストネーション　パンツ77,000円／ジェイ ダブリュー アンダーソン（エドストローム オフィス）

HOW TO WEAR JEWELRY

華奢なプチネックレスは重ね着けすることで存在感をアップ

ネックレスの中でも、プチネックレスは大人になればなるほど素敵に着けることが難しくなるアイテムだとお話ししましたが、それは何のコーディネイトもせず、それ1本だけで着けた場合のこと。プチネックレスは単体で着けずに、複数を重ねて着ければ、一気に存在感をアップさせることができます。

たとえば、同じ長さのプチネックレスを横に並べたり、アジャスターを調節して少しずつ長さを変えたプチネックレスを縦に並べたり。また、トップをきちんと一列に並べないで、あえてランダムな列にしても、よりおしゃれっぽさが演出できます。

この時に大切なのは、チェーンのデザイン。プチネックレスは構成要素が少ないため、チェーンの質感がとても大事なのです。繊細ながらもこだわった作りのチェーンなら、胸元できれいに光ってくれます。

また、複数のプチネックレスを重ねて着ける時は、チェーンの地金の色をあえてミックスするのも上級のテクニックで、おすすめです。

プチネックレスはこんな風に重ねて。ネックレス〈上から〉(PT×D) 240,000円／ヴァンドーム青山（ヴァンドームヤマダ） (YG×D) 80,000円・(WG×ブラウンD) 74,000円・(PT×YG×D) 141,600円・(WG×D) 152,000円／hum (hum 神宮前 アトリエ＆ショップ) トップス27,000円／リト（ザ・ウォール ショールーム）

HOW TO WEAR JEWELRY

着る服のネックラインを選ばない チョーカーを味方に

ネックレスは、着る服のネックラインによっては長さや質感が合わず、コーディネイトが難しいというお話をしました。ただし、首に着けるジュエリーの中にも、比較的ネックラインを選ばず着けやすいアイテムがあります。それは、チョーカーです。ここでいうチョーカーとは、右の写真のようなもの。ソリッドなデザインで、カチッとしたフォルムをキープしているものをおすすめします。ある程度大人になってくると、デコルテや首にもシミやシワ、たるみやくすみが出てくるもの。そのとき、首回りのジュエリーに必要な条件は「洗練されたボリューム感」。こういうシンプルかつモダンなデザインのチョーカーなら、その条件を満たしてくれるのです。

チョーカーはネックレス同様、タートルネックとは最も好相性です。さらに、Vネックや横に浅く広がるボートネックともバランスが取りやすく、ネックラインから覗く肌に美しく映えてくれます。シャツなどにもおすすめで、シャツ襟から見えるデコルテに多少難があってもそれを打ち消し、さらに顔の表情を華やかに見せてくれる効果も期待できます。

チョーカー（シルバー）77,000円／ソフィー ブハイ（バーニーズ ニューヨーク カスタマーセンター）　トップス15,000円／リト（ザ・ウォール ショールーム）　パンツ105,000円／ハイダー アッカーマン（三喜商事）

HOW TO WEAR JEWELRY

ロング×ロングの
ラグジュアリーな重ね着けテクニック

数年前にロングネックレスブームがありましたが、今でもそのときのまま、ロングネックレスを1本首からぶら下げるだけの単純な着け方をしていませんか？　本来、胸元に華を添えるためのロングネックレスですが、その内側にできるなんとなく間延びした空間のほうが、私は気になります。ロングネックレスは存在感が大きいだけに、着け方によっては逆効果を招くおそれもあるのです。

そこでご提案したいのが、ロングネックレスと同ブランド・同モチーフのロングペンダントとの重ね着けです。

同ブランド・同モチーフなら世界観が統一されていますから、ロング2本でもトゥーマッチ感が出ず、意外にもすっきりした印象にまとまります。さらに、身体を動かす度に揺れる2本のバランスの中に、立体的な華も生まれます。

もし今、お気に入りのロングネックレス、またはロングペンダントを持っていて、1本だけ着けた時に「なんとなく新鮮さが足りないな」と感じていたら、ぜひ試していただきたいテクニックです。

内側のペンダント「ティファニー ハードウェア ボール ペンダント」（YG、46～50cm）385,000円・外側のネックレス※ネックレスとブレスレットをつなげて着用 「ティファニー ハード ウェア ラップ ネックレス」（YG、91cm）1,850,000円※チャームを外して着用・「ティファニー　ハード ウェア ブレスレット」（YG、18cm）390,000円※すべて予定価格／すべてティファニー（ティファニー・アンド・カンパニー・ジャパン・インク）トップス15,000円／リト（ザ・ウォール ショールーム） パンツ105,000円／ハイダー アッカーマン（三喜商事）

HOW TO WEAR JEWELRY

すべてを本物のジュエリーで、揃える必要はない

ジュエリーを着けようと思い立つと、「着けるものすべてが本物のジュエリーでなければならない」と考えてしまいがちですが、決してそんなことはありません。

もちろん、すべてを本物で揃えてラグジュアリー感を演出するというコーディネイトもありますが、普段使いという観点に立ち返ると、ほどよく力を抜いたエフォートレスな着け方のほうが、かえっておしゃれに見えることが多いように思います。

たとえば、右ページのモデルのコーディネイト。熟練の職人たちが1点1点時間をかけて作り上げた、息をのむほど美しい精緻な細工のリングを着ける日は、あえて耳元には遊び心たっぷりの大きな樹脂製ピアスを。見た目のインパクトでは、どちらも主役と呼べるようなコーディネイトなのに、お互いを決して邪魔していないのです。

こんな「ちょっと外したアイテム選び」ができる人こそ、自分の世界観をしっかり持った、おしゃれな女性に違いありません。「全部頑張りすぎず、どこかで力を抜く」。これを心がければ、ジュエリー上手の階段を確実に数段上がることができるでしょう。

この力の抜き具合がおしゃれっぽさの秘訣。リング（YG×WG×D）880,000円／ブチェラッティ（和光）ピアス14,000円／ボーノ（デ・プレ）シャツ36,000円／アダワス（ショールーム セッション）

HOW TO WEAR JEWELRY

肌色によって、似合う地金の色は違う

地金はミックスしてもいいとお話ししましたが、大前提として自分の軸となる地金を決めておくのはもちろんいいことです。

似合う地金の色を決めるとき、重視すべきは肌の色。実はジュエリーに関しては、色が黒い人のほうが似合いやすいのです。たとえば、色白さんがパールを着けると、「あらたまったお出かけ？」と見えがちですが、色黒さんなら適度なカジュアル感が出ておしゃれに見えます。テニス選手の大坂なおみさんも、テニスウェアにパールジュエリーを着けていて、とてもヘルシーで素敵ですね。

パールだけでなく、色黒さんは地金の色も選びません。ホワイトベースもイエローベースも、どちらもOK。シルバーを着けるとかっこよくなりますし、イエローゴールドやピンクゴールドを着けるとヘルシーに見えます。

色白さんには、プラチナやシルバーがおすすめ。イエローゴールドを着けると女っぽくなりすぎる場合があるので、そういうときは服装をシンプルでマニッシュにまとめ、髪型もストイックにすれば、ちょうどよく決まるでしょう。また、年齢を重ねて乾き気味になってきた大人の肌には、色白・色黒を問わず、ピンクゴールドのツヤのある輝きが大きな助けになってくれることも覚えておきましょう。

色白さんはあえて辛口のモダンなシルバーも素敵。ピアス（シルバー）66,000円／ホアキン・ベラオ（セスタンテ）Tシャツ 21,000円／ブラミンク　デニム 25,000円／ジョン ローレンス サリバン

HOW TO WEAR JEWELRY

モチーフは、ちら見せくらいがちょうどいい

女性なら誰しも、「私はハートモチーフが好き」「私はフラワーモチーフが好き」というように、何かひとつは子供の頃からお気に入りというモチーフがあるのではないでしょうか。実は私も、大の星モチーフ好きです。

モチーフものはどうしても可愛らしく、スイートな雰囲気になり過ぎる傾向がありますが、好きなものを着けたいと思う気持ちはいくつになってもありますよね。そんな、悩めるモチーフ好きの女性におすすめなのが、「ちら見せテクニック」です。

まず、いくら好きでもモチーフはあまり大きいもの、たくさん付きすぎているものは避けるのが無難。かわりに小さいモチーフが付いているものを選び、重ね着けしたアイテムの中にぽつんと潜り込ませるのです。

こうすると、ブレスレットならふと腕を伸ばす度に、リングならおしゃべりの最中に指を動かす度に、こだわりのモチーフがちらっと見えるはず。その結果、全体の印象を左右することなく、けれど「あっ、この人はクールなおしゃれをしているのに実は可愛らしい一面もあるんだ」というギャップも、さりげなく漂わせてくれるはずです。

5本重ねづけしたブレスレットの中にお気に入りのアルハンブラモチーフを1つ忍ばせて。「ペルレ ゴールド パール ブレスレット」〈指先から〉1番目（PG）460,000円・2番目（YG）460,000円・4番目（PG）460,000円・5番目（YG）460,000円・3番目「ヴィンテージ アルハンブラ ブレスレット 5モチーフ」（YG×オニキス）400,000円／すべてヴァン クリーフ＆アーペル（ヴァン クリーフ＆アーペル ル デスク）シャツ36,000円／アダワス（ショールーム セッション）

HOW TO WEAR JEWELRY

色石は、黄みのある色を交ぜればすんなりなじむ

陽射しがまぶしい季節になると、決まって恋しくなるのが色とりどりのカラーストーン。装いが軽やかになる夏の盛りには、強い光にもダイナミックに映える、大ぶりの色石リングが似合います。

色石リングは、「あの存在感あるリングを着けていた女性」といったように人の記憶にも残りやすいので、自分のアイコンジュエリーに決めても素敵だと思います。リングなら自分でもじっくり眺められますし、お気に入りの色を着けた時は、時間を忘れてうっとりと見惚れることもあるでしょう。

そんな色石選びは、自分の直感、好みを優先してよいと思います。さわやかな青色のブルートパーズ、可愛らしいピンククォーツ、大人っぽい紫のアメジストなど、自分にエネルギーや癒しをくれる色石は、似合うか似合わないかより、好きか嫌いかで選んでこそでしょう。

そうして選んだ色石リングを指に着けた時、もし自分の肌色となんだか合わないと感じたら、黄みのある色石と交ぜて重ね着けしてみると、不思議とすんなりなじみます。肌に黄みのある日本人向けのこの裏ワザ、ぜひ試してみてください。

青系の色石を黄系でなじませて。リング「ヌード」〈左手指先から〉(RG×WG× ローズ・ド・フランス）262,000円・（RG×WG× レモンクォーツ）353,000円・(RG×WG× ロンドンブルートパース）325,000円・〈右手指先から〉（PG×WG× アメジスト）262,000円・（PG×WG× マデラクォーツ）353,000円／すべてポメラート（ポメラート・ジャパン）シャツ／スタイリスト私物

Misaki's Favorite Jewelry

セルパンボエムのブレスレット

このブシュロンのセルパンボエムのブレスレットが手元に届いたのは2011年3月11日。とても大きな運命を感じたことを今でも鮮明に覚えています。以前、ある占い師の方から「あなたの守り神はヘビよ」と言われていたことも関係しているかもしれませんが、その日からこのブレスレットをほぼ毎日、右の手首に着けています。着けるだけで何か大きな包容力を感じさせてくれる、まさに私のタリスマンジュエリーです。

CHAPTER

5

もっとジュエリーを楽しむために

ジュエリーは着ける人とともに成熟していくもの

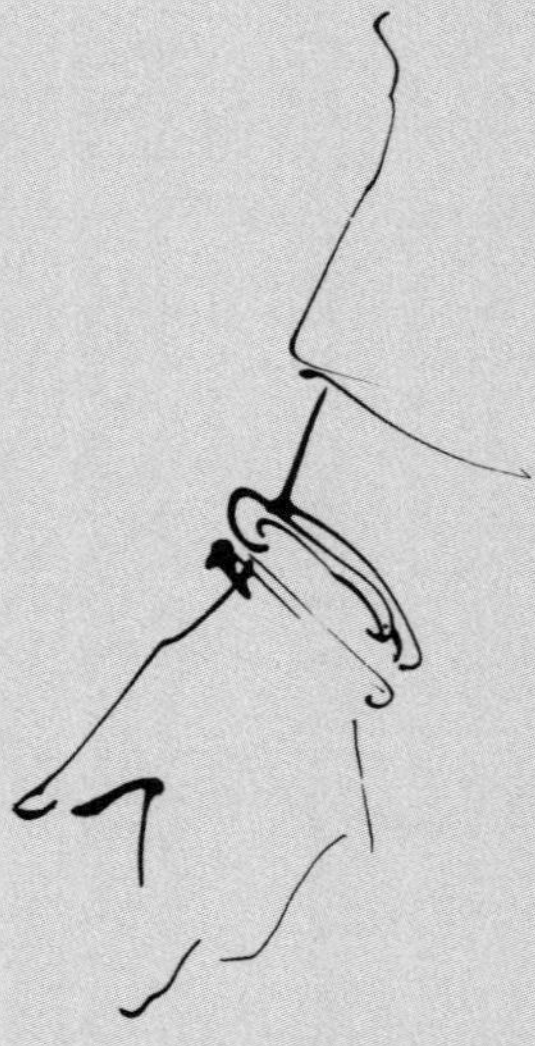

ものごころついたころから私は、キラキラしたものや美しいものに心惹かれていました。母と行った映画館で、スクリーンに映る、イタリアやフランスの女優達が着けている光り輝くジュエリーにうっとりしていました。大人になってジュエリー関連の仕事をするようになり、ジュエリーとファッションを学ぶためにイタリア・フィレンツェへ。そこでジュエリーについて私は本当に様々なことを学んだのです。

ある日、20歳前後の娘さんと50歳を過ぎたお母様がいらっしゃるお宅にお邪魔したことがあります。娘さんがとても若々しくジュエリーを着けこなしていて、さすがだなと思っていたら、後から出てきたママがそれ以上に素敵で、思わず目を奪われてしまったのです。小麦色に日焼けし、シワもシミもあるデコルテに、堂々とカラーストーンのネックレスを重ね、筋張ったシワの多い指には大きな大きなエメラルドのリングが。それはそれはかっこよく、20歳ほどの娘さんには到底できないジュエリーの着け方だったのです。それまで、ジュエリーもファッションも若い人ほど似合うんだと思っていた私は、その時大きな衝撃を受けました。年齢を重ねることが逆に楽しみになり、「ジュエリーってなんて奥深いんだろう。そんな大人の女性になりたい」というこの時の思いが、現在の私の礎になっています。

ジュエリーはスパイス。ひと振りなのか、ふた振りなのかはその人次第

シンプルな装い、スイートな装い、モダンな装い、ゴージャスな装い……。人それぞれ、好きなファッションのテイストがあると思いますが、そのファッションこそがその人の土台。そこに、自分らしさを際立たせるジュエリーをプラスすることで、その人だけの個性が生まれてくる、と私は思っています。

これは、お料理にたとえるとわかりやすいかもしれません。さまざまなテイストのファッションが、いうなればメインのひと皿。そこに加えるスパイスが、ジュエリーなのです。ちょっと辛いスパイスを加える人もいれば、エスニックなスパイスを加える人もいる。自分好みのスパイスをお好みでふりかけることで、その人らしさが匂い立ち、同じ料理でも違う味や香りになっていく。そして、同じスパイスでもひと振りなのか、ふた振りなのか、あるいは5振りなのかは人それぞれ。その濃度によっても、個性の違いが出てきます。

自分ならどんなスパイスをふりかけたいか、そう考えながら着け方を考えると、ジュエリー選びはもっと楽しくなると思います。

日々の生活にフィットするなら
必要なジュエリー、
しないなら不必要なジュエリー

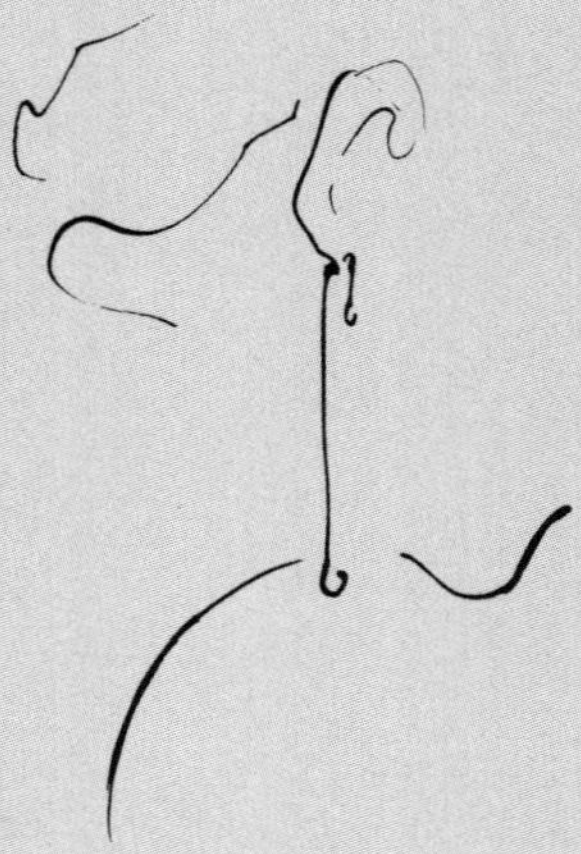

こういう仕事をしていると、「買って損はないジュエリーは何ですか？」と聞かれることがよくあるのですが、いつも私は少し困ってしまいます。それは、人によって「要・不要」がまったく違うからです。

たとえば、ドレスアップが必要なパーティに頻繁に出かけるような人なら、大きなダイヤモンドがいくつもついたゴージャスなジュエリーでも、たびたび着けることになるでしょう。つまりそのゴージャスなジュエリーは、その人にとっては必要なジュエリー、買ってもいいジュエリーです。

でも、そうした予定がめったにない人にとっては、それがどんなに素敵なジュエリーでも用のないもの。資産的な価値はあったとしても、その人の人生には不必要なジュエリーということになります。他人にとって「いいジュエリー」が、自分にとっても「いいジュエリー」とは限らない。今の自分に必要なジュエリーなのか、自分の人生、自分の日々の生活にフィットしてくれるのか、頻繁に登場してくれるのかを頭の中で想像してみる。

そんな風にジュエリーを選ぶことができれば、失敗は大きく減ると思います。

ジュエリーは想像力がなければ選べない

20代の頃、30代の頃……私自身、今ふり返ってみても、その時その時の自分に合うジュエリーを真剣に選び、身に着けてきました。今思えば、背伸びし過ぎのものもあったかもしれませんが、その時の私なりに「これを身に着けたら、きっとこんな女性になれる」と、常に想像力をフル回転させていたように思います。

雑誌などでは「40歳なら40歳にふさわしいジュエリーを」という切り口でページを作ることがありますが、年齢だけで決めてしまうことはできないと私は思っています。身長が高いか低いか、色白なのか色黒なのか、カジュアルな装いが好きなのかコンサバな装いが好きなのか、というように、人のスタイルには年齢以外にもたくさんの要素が関わっています。ファッションに関してはしだいに自由度が広がっているのに、ジュエリーはいまだに「〇歳になったら、このブランドのこのジュエリーを」という固定された考え方に縛られがち。10人いれば10人のスタイルがあるのですから、選ぶべきジュエリーも10通りあっていいはず。

この服にこのジュエリーを着けて、こんなふうに生活する。そうすれば、今よりもっと素敵になれる——そんなイメージを描く力＝想像力が、似合うジュエリーを選ぶためには必要なのです。

ジュエリーを買う時は慎重すぎるくらいでいい

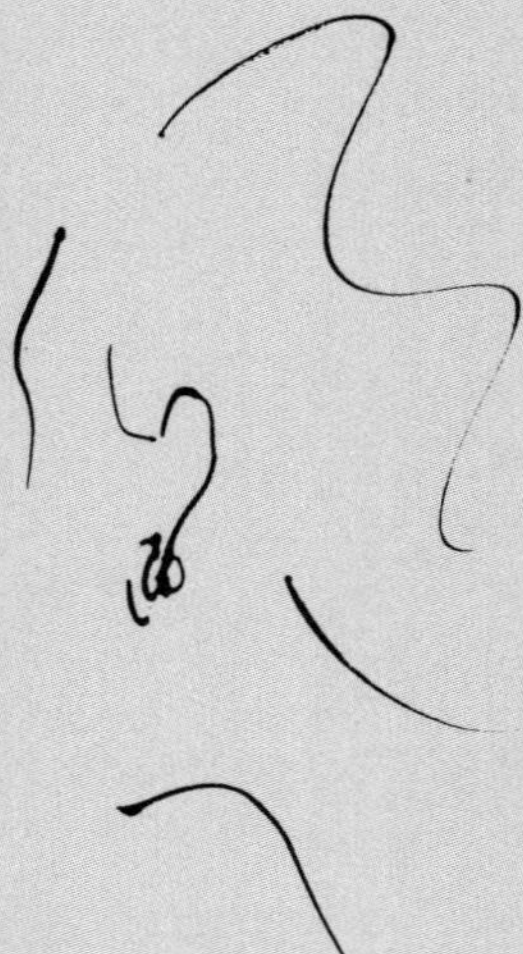

スタイリスト、そして、ジュエリーディレクターという肩書で仕事をしていると、常にじゃらじゃらとたくさんのジュエリーを身に着け、自宅には大量のジュエリーを保管している、と思われがちですが、実は私はまったくその逆。身に着けるジュエリーは相当厳選して絞って着けるようにしていますし、それほどばんばんジュエリーを購入するわけではありません。ジュエリー選びは相当慎重なほうだと思っています。

その時々の自分に本当に必要なもの、本当に似合うものって、そう多くはない、というのが私の考え方。自分らしくないジュエリーを身に着けてしまった時の居心地の悪さもありますが、そんなふうに選んでしまったらそのジュエリーにも失礼だなと思いますから、慎重にならざるを得ません。

安易に買ってしまって、今は使えないけれど20年後の自分は使えるかもしれないと思っても、果たして20年後の自分がどんな女性になっているかはわからない。それなら今この瞬間にしっかり使えるジュエリーを慎重に慎重に選ぶべき。そのほうが、自分のためにもジュエリーのためにも幸せな選択だと思います。

ジュエリーは、カンバセーションピースにもなる

ジュエリーを身に着けていると、いろいろな人に話しかけられます。どんな人がデザインしたのか、何がモチーフか、着け心地はどうか、などなど。ひとつの質問からどんどん会話が広がっていくことも多く、ジュエリーのカンバセーションピースとしての効果を、常々感じさせられます。

たとえば、あまり知り合いがいないパーティなどに出席する際は、ちょっと心細かったりするもの。そんな時こそ、ジュエリーのカンバセーションピースとしてのパワーを、十二分に発揮させてみましょう。パーティの席に着けるジュエリーというと、自分のスタイルはさておき、無難でコンサバな「こうあるべき」と思い込んでいるものを着けがちです。もちろん、ドレスコードが大切な格式の高い集まりや場所の時は別ですが、そうでないカジュアルな集まりの場合なら、遊び心を発揮してもいいはず。

たとえば、結婚披露パーティでもカジュアルな場所で行われるものなら、いっそのこと、モダンなデザインの大ぶりのシルバーアクセサリーを主役にした装いでも、とても素敵だと思います。いつものリトルブラックドレスもぐっと趣が変わって、初対面の人とも楽しくおしゃべりができるかもしれません。

外したジュエリーを
見るだけで誰のものかわかる。
そんな女性でありたい

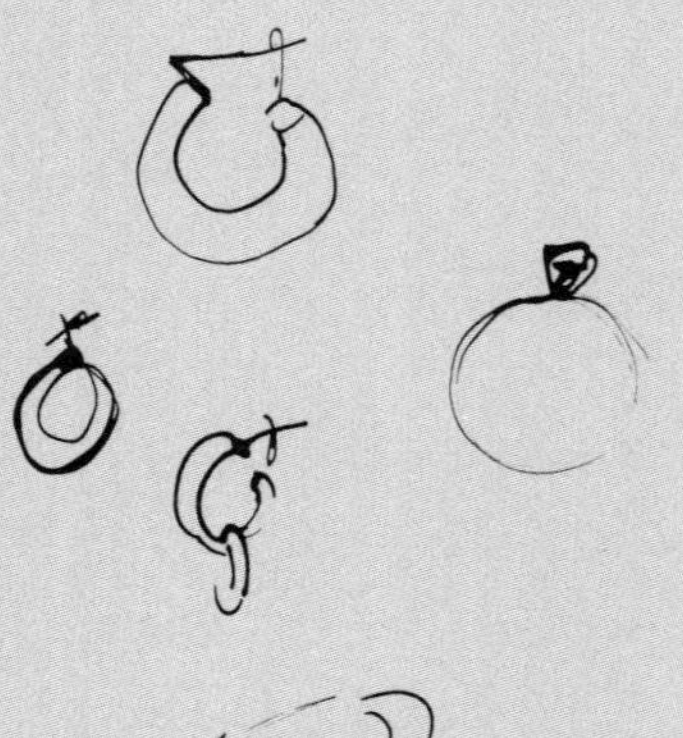

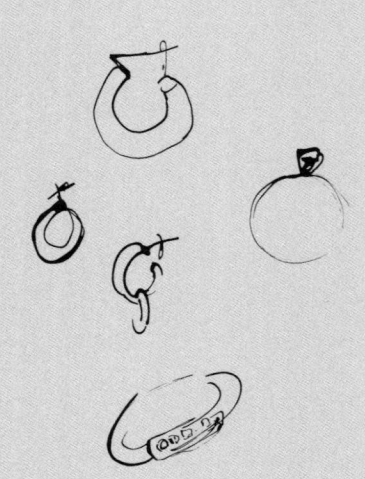

ジュエリーは、肌に直接着けるもの。ジュエリーとジュエリーを着ける人々を長年見てきて実感しているのですが、同じジュエリーでも着ける人によって、少しずつ趣が変わっていくようなのです。自分も生きていて、肌も生きていて、そこにのせるものだからジュエリーも生命を持つ——長年着けているうちに、その人らしい世界観がジュエリーにも宿っていくのではないか、そんな風に感じています。

何年も、何十年もずっと着けていられるものは、きっと「着けていて心地いい」「なんだか気分がいい」存在であるはず。つまり、ずっと着けていられるもの＝自分と相性がいいということ。そして、長く使えるということは、自然と上質なものに限られます。まとめると、「自分と相性のいい上質なジュエリー」が見つかれば、ずっとずっと愛用できるのです。生涯にわたって、肌に密着して寄り添ってくれる……そんな存在は、ジュエリーでしかあり得ないのではないでしょうか。

私の理想は、外して置いてあるジュエリーを見ただけで、「あ、これは○○さんのものね」とわかる、そんなジュエリーと人との関係。そんな女性になることが、今の目標です。

ジュエリーを着けるのは
自分のためでもあり、
他人のためでもある

30代でイタリアに行くまでの私は、「ジュエリーは誰かに見てもらうためではなく、自分のためにするものだ」とやや頑なに思っていました。おそらくバブル経済を迎えた当時、「異性にもてたい」「自分を高く見せたい」という気持ちでジュエリーを選ぶ人が多かったことに対する、自分なりのアンチテーゼだったのかもしれません。でも、イタリアで私の意識は変わりました。ここでは老若男女問わず、みんなが総じてきれいなものが好きな上に、他人を褒めるのがとても上手。見知らぬ日本人の私がジュエリーを着けて歩いていても、何人もの人が「素敵だね」「よく似合うよ」と褒めてくれるのです。褒めてもらうと、やはり嬉しくなるもの。「これこそジュエリーの力なんだ」と、感じたことを覚えています。イタリアの女性たちは、はちみつ色の肌、テラコッタ色の肌、ピンクがかった肌、抜けるように白い肌……と、肌の色がそれぞれ違います。髪も、ブロンドや黒、明るい茶色などさまざま。だから彼女たちは、自分に似合うジュエリーの地金や色石を、とことん考えて選んでいます。それは、とにかく周りから「きれいだね」と褒めてもらうため。褒められることでもっと素敵になれることを、彼女たちはわかっているのです。ジュエリーは、自分で見てもパワーや癒しをもらえますが、他人に見てもらって褒めてもらうことでも、違う形のパワーを得られるもの。それを意識して、ジュエリーを選んでみるのもひとつの方法だと思います。

〝マイ・スタイル・ミューズ〟を持つことは、ジュエリー上手への近道

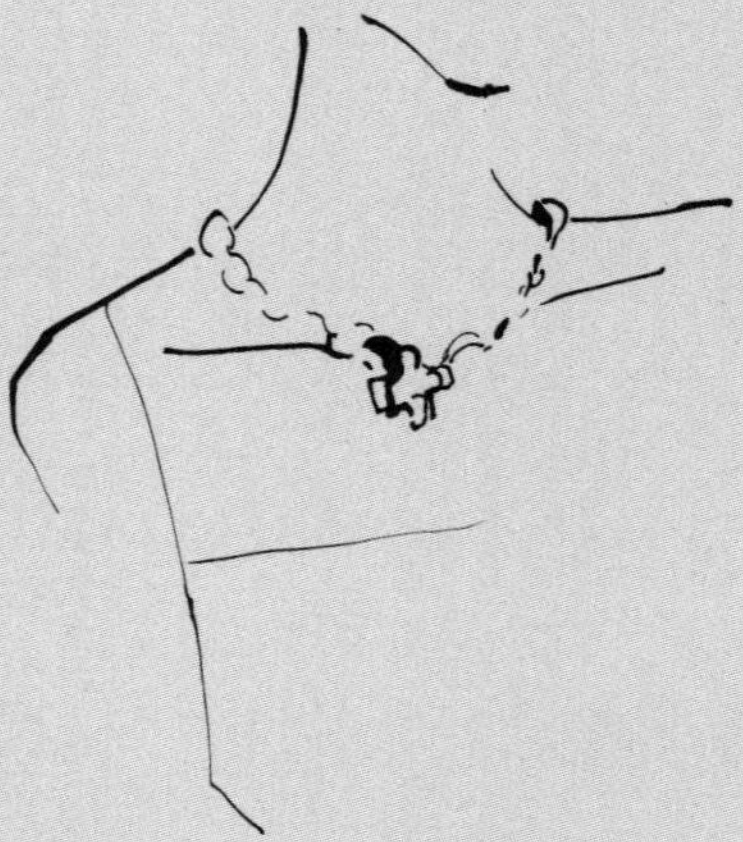

私は、スタイリストとしての発想や想像力が止まってしまわないよう、常に時代の空気をキャッチして自分のスタイリングに取り入れることを心がけています。そんな時にとても刺激となるのが、街で見かけたり、日々の生活で知り合った素敵な女性たちの着こなしやジュエリーのつけ方。今なら、SNS上で出会うことのできる世界中の素敵な女性も同様です。そうして出会った女性たちの中で、ジュエリー使いのお手本にしたい何人かの人を、私は「スタイル・ミューズ」と呼び、彼女たちの日々の着こなしをこまめにチェックしています。

年齢も職業もさまざまで、たとえば85歳で亡くなったジャクリーン・ケネディの妹、リー・ラジウィル、フランスのクリエイティブ・ディレクター、カプシーヌ・サフュルトゥル、ティラ マーチのデザイナーを務めるタマラ・タイシュマンなどなど。「この装いにこのジュエリーもありなんだ」とか、「このバングルを着ける時は袖をこうしてまくればいいんだ」というように、洋服もジュエリー使いも参考になることが多々。スタイル・ミューズは、有名人やセレブリティばかりでなく、身近な人でもOK。自分に刺激を与えてくれる、素敵なスタイルを持つ人を見つけることは、ジュエリー上手になるための近道だと思います。

時代で違う地金の流行。
ゆるやかなその流れに
敏感になることも必要

ジュエリーの地金にも、トレンドがあります。私がジュエリーに携わるようになってからもさまざまな地金トレンドが行き過ぎました。こうした地金のトレンドは、時代の空気感と密接に関わっているように思います。私が20代の頃は、ジュエリーの地金といえば基本的にイエローゴールド、それからプラチナ。今はよく見られるピンクゴールドなど、当時は今ほど出回っていませんでしたし、ホワイトゴールドもまだそれほど品質が安定していなかったように思います。バブル期を迎える頃には、華やかなイエローゴールドが人気に。その後、ファッションがカジュアル化すると、ジュエリーでも白系の地金、ホワイトゴールドやプラチナはもちろん、シルバーも人気に。

少し前まで、着ける地金の色は統一すべきという考え方が当たり前で、「私はイエロー派」「私はホワイト派」というフレーズをよく耳にしたものです。でも、ファッションもどんどん自由になり、着こなしやジュエリー使いのタブーも少なくなってきた今、地金ミックスも選択肢として定着してきています。このように、ジュエリーの地金トレンドは洋服に比べてゆるやかですが、確実に存在しているもの。基本的に自分の感性に合うものを選べばいいのですが、心のどこかで地金のトレンドにも敏感でいられる感性を持っていれば、ジュエリー上手に近づけると思います。

「どんなに辛い時も、
朝起きたらまずピアスをひとつ」
憧れの人の言葉を忘れない

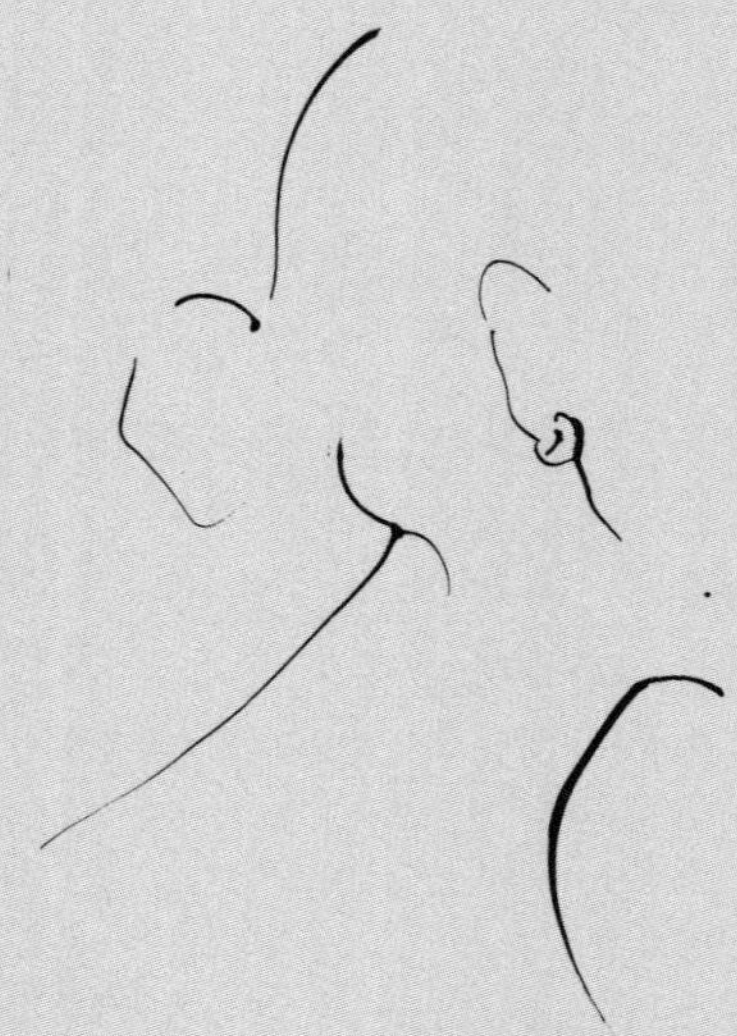

現在の私のジュエリー観は、多くの人からの影響を受けて成り立っています。中でも私が特に強く影響を受け、「ジュエリーとは何か」を学ばせていただいたのが、ボンマジックのオーナーデザイナーだった白井多恵子さんです。潔いショートカットに、赤珊瑚や、色とりどりの色石のネックレスを幾重にも重ね、そして笑顔はいつも圧倒的なほど美しく、エネルギーに満ち溢れた人。その卓越したセンスはひとことで言うと「日本人離れ」していました。私は、そんな彼女にどれほど憧れたかしれません。豪華でありながらも、彼女の作るジュエリーにはどこかユーモアが感じられるのも魅力でした。

彼女の言葉の中で、今も強く残っているのが、「どんなに辛く苦しい時も、朝起きたらまず、好きなピアスをひとつ着けましょう」という言葉。ハードな撮影が続いて顔色が冴えない朝、気持ちが落ち込んでいる朝、私は今も彼女の言葉を思い出して、お化粧よりも先に、お気に入りのピアスを耳に着けています。するとなんだか体の内側からエネルギーが湧いてきて、ジュエリーの持つ力を実感できるのです。

亡くなられてから10年経った今でも、白井さんの言葉に励まされ、日々元気に過ごせています。

おわりに

「ジュエリーの本を出しませんか?」と、私のもとに連絡をくださったのは、以前からお仕事をご一緒していた編集者の大野さんでした。

今までの私なら断っていたはずなのに、なぜか今回は「やってみようかしら」と思ったのです。何か、運命的な直感だったのかもしれません。

でも、それからが大変でした。雑誌のスタイリングなら読者の方々のために、女優さんのスタイリングなら彼女たちをより美しく見せるために、ジュエリーや洋服選びをしてきた私ですが、自分の著書となると、どうすべきかわからず戸惑うばかり。「読んでくださる方々に、何をどう伝えていけばいいのかしら」「私の中にあるジュエリーへの思いやノウハウを、きちんと伝えられるかしら」と、不安でいっぱいになってしまいました。

そんな時、あるファッションブランドの広報として仕事をする知人から、「結婚が決まりました。でも、エンゲージメントリングに悩んでいて……」という相談を受けたのです。

美しくておしゃれで、自分のスタイルもちゃんと持っている彼女が「ジュエリーは全然わからないんです」と言うのを聞いて、やはりいまだに多くの人にとってジュエリーは遠い存在なのだ、と気づかされたことが、この本の方向性を決めることになりました。

特別な時に着けるジュエリーではなく、「自分らしくいられる」「毎日着けられる」日常使いのジュエリー。それは、私たちの人生に、奥行きをもたらしてくれるひとさじのスパイスであり、同時に、長く共に生きる伴侶のような存在でもあると思います。

おしゃれであってこれ見よがしではない、自分の存在感を効果的に引き立たせてくれるジュエリーコーディネイトとは何か、この本がそれを見つける一助になれば、と願います。

長くお世話になってきましたジュエリーブランドの皆様、私のわがままな思いを具現化してくれたカメラマンの成尾和見さん、ヘアの小沼幸太朗さん、メイクの平賀富美子さん、アートディレクターの関田森彦さん、畔柳仁昭さん、高杉源さん、編集の大野智子さん、ダイヤモンド社の長久恵理さん、いつも私をサポートしてくれるアシスタントの小林友美さん、高木香苗さん、この場を借りて深い感謝を捧げます。

そして、数ある本の中から、この本を手にとって読んでくださった皆様、本当にありがとうございます。特別な、心躍るジュエリーとの出会いが、皆様にありますように。

2019年4月　伊藤美佐季

協力店舗

IWC
0120-05-1868

ヴァン クリーフ&
アーペル ル デスク
0120-10-1906

ヴァンドームヤマダ
03-3470-4061

エスケーパーズ
03-5464-9945

エドストローム オフィス
03-6427-5901

エストネーション
0120-503-971

エルメスジャポン
03-3569-3300

オーガスト
03-6434-1239

カルティエ
カスタマーサービスセンター
0120-301-757

グラフ
ダイヤモンズジャパン
03-6267-0811

ザ・ウォール
ショールーム
03-5774-4001

サザビーリーグ
03-5412-1937

三喜商事
03-3470-8232

シハラ ラボ
03-3486-1922

ジャガー・ルクルト
0120-79-1833

シャネル
(カスタマーケア)
0120-525-519

ショールーム セッション
03-5464-9975

ジョン ローレンス サリバン
03-5428-0068

ステディ スタディ
03-5469-7110

セスタンテ
03-6821-7770

TASAKI
0120-111-446

ティファニー・
アンド・カンパニー・
ジャパン・インク
0120-488-712

デ・プレ
0120-983-533

hum 神宮前
アトリエ&ショップ
03-6434-5585

バーニーズ ニューヨーク
カスタマーセンター
0120-137-007

ハリー・ウィンストン
クライアント
インフォーメーション
0120-346-376

ヒロタカ 表参道ヒルズ
03-3478-1830

ブシュロン
カスタマーサービス
03-5537-2203

ブラミンク
03-5774-9899

ブルガリ ジャパン
03-6362-0100

ポメラート・ジャパン
03-6228-7056

ボン マジック
03-3303-1880

ミキモト
カスタマーズ・
サービスセンター
0120-868254

和光
03-3562-2111

※掲載した商品の価格はすべて2019年4月のものです。
価格改定により変更になる場合がありますので、ご了承ください。

［著者］
伊藤美佐季（いとう・みさき）
ジュエリーディレクター、スタイリスト。ジュエリーの広報機関のPRを経てイタリア・フィレンツェに遊学、帰国後スタイリストに。つける人の個性を活かす洗練されたスタイリングは、女性誌のほか、多くの女優からも支持されている。ジュエリーブランドへのアドバイス、ジュエリーに関する講演などでも活躍。

そろそろ、ジュエリーが欲しいと思ったら

2019年4月17日　第1刷発行
2023年12月22日　第6刷発行

著　者——伊藤美佐季
発行所——ダイヤモンド社
〒150-8409　東京都渋谷区神宮前6-12-17
https://www.diamond.co.jp/
電話／03･5778･7233（編集）　03･5778･7240（販売）

ブックデザイン－Park Sutherland
DTP ———アイ・ハブ
写真———成尾和見（SEPT）、P44-45・P112-113小池紀行（Pile Driver）
ヘア———KOTARO for SENSE OF HUMOUR
メイク———FUMIKO HIRAGA for SENSE OF HUMOUR
モデル———LEE MOMOKA（eva management）、晶（TRAPEZISTE）
校正———鷗来堂
製作進行——ダイヤモンド・グラフィック社
印刷———勇進印刷
製本———ブックアート
編集協力——大野智子、植田裕子
編集担当——長久恵理

ISBN 978-4-478-10705-8